Asbjørn Nygård er opprinnelig fra Sirevåg, men bor nå på Orstad i Klepp kommune.
Min giro er hans tredje bok.

Tidligere utgivelser:

Norge på langs	Commentum Forlag, 2013	ISBN 9788282332101
Min tour	Commentum Forlag, 2014	ISBN 9788282332392

Min giro

Utgivelsesår:	2015
ISBN:	9788269002607
Trykk:	Lightning Source UK Ltd
Omslagsdesign:	Suzette Barnachea Nygård
Bilder av legender:	plakater fotografert av forfatteren langs veien opp monsterbakken Monte Zoncolan

Materialet i denne publikasjonen er omfattet av åndverkslovens bestemmelser. Uten særskilt avtale med forfatteren er enhver eksemplarfremstilling og tilgjengeliggjøring bare tillatt i den utstrekning det er hjemlet i lov. Utnyttelse i strid med lov eller avtale kan medføre erstatningsansvar.

Min Giro
Asbjørn Nygård

Innhold

Prolog 1
Historiens hardeste sykkelritt 2
Etappe 1: Milano–Varese 9
Etappe 2: Susa–Cuneo 19
Etappe 3: Cuneo–Sestri Levante 23
Etappe 4: Sestri Levante–Lucca 29
Etappe 5: Firenze–Assisi 36
Etappe 6: Assisi–Roma 43
Etappe 7: Napoli–Pompeii 47
Etappe 8: Pompeii–Avellino 53
Etappe 9: Brindisi–Bari 60
Etappe 10: Bari–San Severo 65
Etappe 11: Termoli–L'Aquila 70
Etappe 12: L'Aquila–Castelsantangelo 73
Etappe 13: Castelsantangelo–Chiusi della Verna 78
Etappe 14: Chiusi della Verna–Lugo 82
Etappe 15: Lugo–Venezia 86
Etappe 16: Venezia–Villa Santina 90
Etappe 17: Villa Santina–Tre Cime di Lavaredo 96
Etappe 18: Tre Cime di Lavaredo–Canazei 103
Etappe 19: Canazei–Passo Stelvio 112
Etappe 20: Passo Stelvio–Passo Gavia 117
Etappe 21: Passo Gavia–Trento 123
Etappe 22: Trento–Soave 131
Etappe 23: Soave–Verona 139
Post giro 143
Referanser 147

Prolog

Som *forfattersyklist* synes jeg at ordet *prolog* klinger uendelig vakkert. Dette fordi det bygger bro mellom litteraturen og sykkelsporten. Ordet er egentlig gresk, men det er ikke *gresk* det ordet betyr. Prolog betyr *forord*.[1] Og på samme måte som forord er en naturlig start på de fleste bøker, er prolog i form av en kort tempoetappe ofte starten på større sykkelritt.

Første gang sykkelrittet Giro d'Italia ble innledet med en prolog var i 1968. Charly Grosskost vant og ble med det den tredje franskmann i giroens historie til å ikle seg den rosa ledertrøyen *maglia rosa*. Men på samme måte som prologen er kort, ble også Grosskost sin suksess kortvarig. Etappeseieren ble hans eneste i giroen og allerede neste dag mistet han den rosa trøyen til Eddy Merckx.[2]

45 år senere, høsten 2013, ga Stavanger-forfatteren Tore Renberg ut boken *Vi ses i morgen*. Den var banebrytende fordi Renberg samtidig lanserte tidenes første norske bokmusikkvideo sammen med tidligere Kaizers-vokalist Janove Ottesen og Christel Alsos.[3] For meg er bokmusikk like naturlig som filmmusikk. Og til å sette bakteppet for historien jeg skal fortelle har jeg valgt norsk musikk fra øverste hylle – en lettere omskrevet og sunnere versjon av DeLillos-sangen *Ut*:

I vinter ville jeg bare være hjemme, jeg måtte faktisk slappe litt av
Jeg leste i en bok, ryddet opp i litt rot, og mente at det gjorde meg glad
Men så hendte altså noe med meg, da jeg tok min første sykkeltur
Ut på landet et sted, og på én-to-tre, husket jeg at sykkel gir kul tur

Og nå er jeg nødt til å komme meg ut for å se hva som skjer
Fikk en liten smak av rus i vår, og nå må jeg, ha mer
Jeg vil ut, jeg må ut, jeg skal ut og gjøre noe sunt
Jeg tar kartet frem, reiser bort fra mitt hjem
For å sykle Italia rundt

Historiens hardeste sykkelritt

DeLillos har rett. I vinter ville jeg bare være hjemme, jeg måtte faktisk slappe litt av. Jeg leste i en bok, ryddet opp i litt rot, og mente at det gjorde meg glad. Noe av det beste med livet er at det finnes så mange ulike kilder til glede. Og én av de største er lesegleden. I løpet av vinteren leste jeg ikke bare én, men mange bøker – sykkelbøker om Giro d'Italia, Gino Bartali, Fausto Coppi, Eddy Merckx og Laurent Fignon.

En viktig del av prosessen med å skrive bok er selve forarbeidet og søken etter en spennende innfallsvinkel. Det var derfor med stor iver jeg leste historien til sykkelrittet Giro d'Italia, år for år, fra det første rittet i 1909 helt frem til i dag.[4-6] Spenningen var ekstra stor da jeg kom til den sjette utgaven siden det sommeren 2014 ville være hundreårsjubileum for akkurat dette rittet. Jeg krysset fingrene for at det på en eller annen måte skulle være spesielt. Tidligere hadde giroen blitt avgjort på plasspoeng, men i 1914 ble den for første gang avgjort på tid. Rittet hadde bare åtte etapper, men til gjengjeld var etappene umenneskelig lange med 396 kilometer i snitt og 3170 kilometer totalt.

Det var en mørk og stormfull aften. Lommeuret viste åtte minutter over midnatt den 24. mai 1914.[2,7] På startstreken sto 81 ryttere klar til å sykle den første etappen fra Milano via Sestriere til Cuneo, deriblant vinnerne av alle de fem foregående giroene. Startskuddet smalt og regndråpene falt. Været var ufyselig og like før Susa nøytraliserte arrangørene rittet en stakket stund mens rytterne fikk skiftet til tørt tøy. Hvorvidt det hjalp er usikkert, for i stigningen opp til Sestriere endret været seg til det verre – en bitende kald snøstorm. Og for å gjøre lidelsen komplett strødde de italienske tilskuerne nagler på veien. Mange av rytterne punkterte og ble tvunget til å leie sykkelen opp deler av bakken. Angelo Gremo var først over målstreken etter å ha slitt i 17 timer og 14 minutter. Og kun 37 av de 81 startende fullførte den 420 kilometer lange etappen. Journalistene var kritiske til mannefallet på 54 %, men rittsjefen Armando Cougnet avfeide all kritikk: «Så lenge minst én rytter fullfører rittet, er det nok for meg!» Den tredje etappen på 430 kilometer fra Lucca til Roma er fortsatt den lengste i giroens historie. På etappen satte Lauro Bordin en rekord som står den dag i dag. Han var i solobrudd hele 350 kilometer inntil han like før mål ble tatt igjen av hovedfeltet. Den sjette etappen fra Bari til L'Aquila har også sin plass i rekordbøkene som den etappen i giroens historie som har tatt lengst tid å fullføre. Den ble vunnet av Luigi Lucotti på 19 timer og 21 minutter, mens Giuseppe Azzini som ledet rittet før etappen forsvant sporløst. Letemannskaper ble mobilisert og de lette hele natten. Først på morgenkvisten fant de Azzini liggende i en låve med feber og lungebetennelse. Alfonso Calzolari overtok dermed ledelsen i sammendraget til tross for at han og flere andre ble straffet med tre timer tillegg i tiden for å ha blitt tauet av biler i det forferdelige ruskeværet. Det må ha vært litt, og bare litt, av et syn da rytterne kom til mål på den siste etappen. For kun 8 av de 81 startende klarte å fullføre. Aldri før, og aldri siden, har så få ryttere klart å fullføre Giro d'Italia, Tour de France eller Vuelta a España for den saks skyld. Tidsdifferansen på 1 time og 57 minutter mellom vinneren Calzolari og Pierino Albini på andreplass er den største i giroens historie. Resultatet var imidlertid omstridt. Albini la inn protest på at Calzolari kun fikk tidsstraff for å ha blitt tauet av biler, mens tre ryttere hadde blitt kastet ut av rittet for samme forseelse etter den første etappen. Det italienske sykkelforbundet kom på banen og engasjerte seg sterkt i saken. De fastslo at Calzolari skulle ha vært kastet ut av rittet etter etappen til L'Aquila og tildelte seieren til Albini. Rittsjef Armando Cougnet lot seg imidlertid ikke pille på nesen av sykkelforbundet. Standhaftig nektet han å endre resultatet. Det hele endte med rettssak i to runder hvor arrangøren La Gazzetta dello Sport vant begge. Først i juli 1915 ble det derfor endelig slått fast at Alfonso Calzolari var den rettmessige vinneren av Giro d'Italia 1914. For å understreke hvor hard 1914-giroen virkelig var, har rittet også rekorden for den laveste gjennomsnittsfarten på beskjedne 23,4 km/t. Statistikken levner ingen tvil. Giro d'Italia 1914 er *historiens hardeste sykkelritt*.

Mens det offisielle Norge våren 2014 er opptatt med av å forberede 200-årsjubileet for Grunnloven, blir jeg mer og mer oppslukt av mitt eget prosjekt om å markere 100-årsjubileet for historiens hardeste sykkelritt. Jeg går grundig til verks. År for år plotter jeg alle etappene i giroens historie[2] på et regionsinndelt kart og finner ut at etappene er geografisk skjevfordelt. Rittet kunne like gjerne vært kalt Giro d'Nord-Italia. Også fjellene[4] studeres inngående. De er fulle av gode historier som vil egne seg bra i boken. Intet mindre enn 22 fjell peker seg ut som *selvskrevne* uten at det på noen måte betyr at historiene skrives av seg selv. Prisen for å få dem med er at jeg må slite meg opp 18700 høydemetre fordelt på 275 kilometer stigning.

Et annet viktig aspekt ved giroen min er at jeg ønsker å starte eller avslutte etapper i hver av de åtte byene fra den historiske 1914-giroen; Milano, Cuneo, Lucca, Roma, Avellino, Bari, L'Aquila og Lugo.[2] Å tenke stort har imidlertid sin pris. Gildet koster intet mindre enn 4400 kilometer.

Fjell	Etappe	Antall m.o.h.[8]	Antall kilometer stigning[8]	Antall høydemeter stigning[8]	Gj.sn. stigning[8]
Muro di Sormano	1	1107	1,7	280	16,5 %
Madonna del Ghisallo	1	754	10,6	552	5,2 %
Sestriere	2	2035	11,2	679	6,1 %
Monte Subasio	6	870	4,2	420	10,0 %
Vesuv	7	1030	13,8	1028	7,4 %
Monte Terminillo	12	1895	20,1	1285	6,4 %
Monti Sibillini	12	1467	15,7	816	5,2 %
Passo della Futa	14	903	14,5	635	4,4 %
Pieve di Cadone	16	878	8,8	369	4,2 %
Passo Mauria	16	1298	12,5	568	4,5 %
Monte Zoncolan	17	1735	10,5	1210	11,5 %
Cima Sappada	17	1290	7,5	402	5,4 %
Tre Cime di Lavaredo	17	2320	7,5	568	7,6 %
Passo Giau	18	2236	15,9	1037	6,5 %
Passo Falzarego	18	2117	14,6	806	5,5 %
Passo Pordoi	18	2239	9,4	637	6,8 %
Passo Stelvio	19	2758	24,3	1808	7,4 %
Passo Mortirolo	20	1852	11,9	1296	10,9 %
Passo Gavia	20	2652	17,3	1363	7,9 %
Passo Tonale	21	1884	10,9	646	5,9 %
Passo Campo	21	1682	15,0	916	6,1 %
Monte Bondone	21	1650	17,6	1375	7,8 %

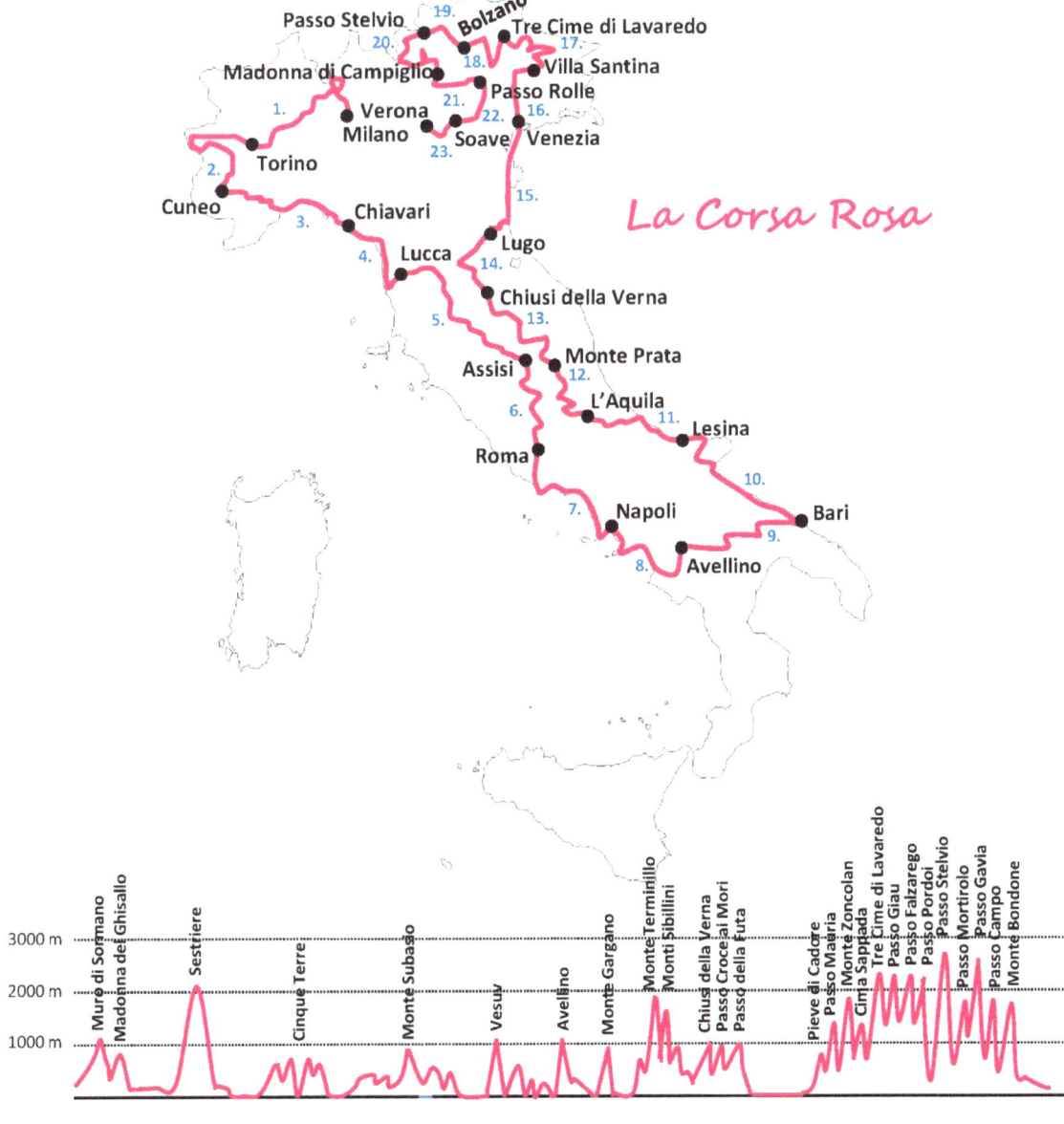

Forfatteren i meg er skeptisk. For min *La Corsa Rosa*,[4] som giro-løypen ofte kalles, er blitt altfor lang til realistisk å kunne gjennomføres. Syklisten i meg blir derimot mer og mer inspirert. Innstilt på at dette vil bli en særdeles hard giro legger jeg målbevisst ned treningstime etter treningstime. Til slutt viser vårens treningslogg 2335 kilometer fordelt på 63 treningsturer. Gjennomsnittsfarten er 23,1 km/t, noe som bare er 0,3 km/t lavere enn vinneren av 1914-giroen.[2] Mer betenkelig er det at syklisten har dratt meg inn i en selvopptatt boble som vokser seg større og større. Jeg har til og med laget en tidsplan med sykling hver dag fra seks om morgenen til ti-elleve om kvelden. Distansen på 4400 kilometer er heller ikke tilfeldig valgt, men er det som skal til for å overgå tidenes lengste giro på 4337 kilometer i 1954.[2] Forfatteren fortviler, men er ute av stand til å gripe inn. For av natur er forfatteren fåmælt, mens syklisten er høyrøstet og egosentrert. Og hver gang forfatteren forsøker å komme med innvendinger vender syklisten bare det døve øret til. Det handler ikke lenger om å reise til Italia for å gjenoppleve giroen sin rikholdige historie, men å skrive seg selv inn i den.

Oppakningen min for turen er minimalistisk. Ryggsekken veier kun 4,2 kilo, inkludert pass og visa-kort, mens styrevesken er på 2,2 kilo. Siden starten på giroen er lagt til motehovedstaden Milano stiller jeg med ny norsk-designet sykkel. NOR-sykkelen ble montert i Øglænds gamle lokaler på Kvål i Sandnes. Sykkelen er så kortreist at jeg spaserte for å hente den og nå er spørsmålet hvordan den kortreiste sykkelen vil klare seg på den lange turen i utlandet.

På flyet fra Stavanger til Milano får selvtilliten min et stort løft. For når jeg åpner sportsbilaget i Finansavisen[9] oppdager jeg at min forrige bok *Min Tour* er behørig omtalt. Og der oppe i luften, 10000 meter over bakken, begynner så Phil Collins å synge på smarttelefonen min:

I've been waiting for this moment for all my life. Can you feel it coming in the air tonight?

Jeg lukker øynene og drømmer om de legendariske vinnerne av Giro d'Italia[4] som inspirerte meg til å legge ut på dette ambisiøse prosjektet - å sykle det som betegnes som *verdens hardeste sykkelritt*.

Alfredo Binda (ITA)
«Il Campionissimo»
Vinner i 1925, 27-29 og 33

Gino Bartali (ITA)
«Gino the Pious»
Vinner i 1936, 37 og 46

Fausto Coppi (ITA)
«Il Campionissimo»
Vinner i 1940, 47, 49, 52 og 53

Charly Gaul (LUX)
«The Angel of the Mountains»
Vinner i 1956 og 59

Jacques Anquetil (FRA)
«Monsieur Chrono»
Vinner i 1960 og 64

Felice Gimondi (ITA)
«The Phoenix»
Vinner i 1967, 69 og 76

Eddy Merckx (BEL)
«The Cannibal»
Vinner i 1968, 70 og 72-74

Giuseppe Saronni (ITA)
Vinner i 1979 og 83

Francesco Moser (ITA)
«The Sheriff»
Vinner i 1984

Marco Pantani (ITA)
«Il Pirata»
Vinner i 1998

Og sist, men ikke minst, hardhausen *Fiorenzo Magni (ITA)* Vinner i 1948, 51 og 55.

Etappe 1: Milano–Varese

Startskuddet for *Min Giro* smeller åtte minutter over ett, natt til lørdag 24. mai 2014, nøyaktig hundre år på sekundet etter startskuddet for historiens hardeste sykkelritt. Pedante sykkelentusiaster vil nok være raske med å påpeke at den første etappen i Giro d'Italia 1914 vitterlig startet åtte minutter over midnatt[2] og at jeg således er én time for sent ute. I så fall vil de ha oversett en viktig detalj. Sommertiden som innebærer at klokken stilles én time frem i sommerhalvåret ble først innført i Italia sommeren 1916.[10] For å kalibrere de to ulike tidsaldrene måtte jeg derfor starte én time *for sent*.

Startstedet for giroen min er på ingen måte tilfeldig valgt. Både den aller første giroen i 1909 og den historiske 1914-giroen startet i Milano.[2] Og selv om det er 1914-giroen som danner utgangspunktet for ruten min gjennom Italia har jeg valgt å legge starten til Piazzale Loreto hvor den aller første giroen startet. Jeg ser meg om, men det er ingenting som vitner om den viktige rollen stedet har i giro-historien. Eller kanskje det bare er mørket som gjør at jeg ikke kan se. Idet jeg tråkker mine første tråkk vandrer tankene bakover i tid til andre verdenskrig. For like før krigen tok slutt ble liket av Benito Mussolini hengt opp til offentlig beskuelse fra taket på en bensinstasjon nettopp her på Piazzale Loreto.[4] Det er lite trafikk og i stedet for å dvele med den dystre krigen tenker jeg heller på den første giroen i 1909.[4-6] Akkurat som meg syklet rytterne da nordover gaten Viale Monza mot Monza. Den aller største favoritten var franskmannen Lucien Petit-Breton som hadde vunnet Tour de France i 1907 og 1908. Ganske tidlig på etappen gikk han i bakken og pådro seg en skade som medførte at han senere måtte bryte rittet. Det må ha vært ergerlig siden fallet var selvforskyldt. Han var uoppmerksom da han satt på sykkelen og gomlet på en kylling. Jeg ser det tydelig for meg. Kyllingen må ha vært stor og han holdt den trolig i det ene låret mens han jafset i seg. Med franskmannen ute av rittet ble den første giroen en kamp mellom de to italienerne Luigi Ganna og Carlo Galetti. Før siste etappe hadde Ganna en ledelse på tre plasspoeng på Galetti. Et stykke ut på etappen skjedde så noe som ville vært helt utenkelig i dag. Flere av Ganna sine lagkamerater som hadde brutt løpet på de foregående etappene var plutselig tilbake. De hadde laget en slu plan om å infiltrere sykkelfeltet for å hjelpe lagkapteinen sin. Jeg kan se for meg forskrekkelsen i ansiktet til konkurrentene. De må ha skreket skjellsord og slått om seg med italienske fakter. Ikke overraskende ble infiltrørene raskt avslørt og tatt ut av rittet av funksjonærene. Selv uten hjelp klarte Ganna å holde bakhjulet til Galetti over målstreken. Han tapte dermed kun ett plasspoeng og kunne med det innkassere seieren i den aller første giroen. Da han etterpå ble spurt det klassiske spørsmålet «Hvordan føles det?», svarte han med grimaser av smerte at «ræva mi brenner!»

Det er vindstille og temperaturen er behagelig til å være nattestid. De første timene er veien stort sett opplyst fra gatelys, men det hjelper meg lite. For jeg sliter med den italienske veiskiltingen. Altfor ofte blir jeg syklende på kryss og tvers i veikryssene før jeg finner den rette veien videre. På en måte er det nesten uvirkelig å sykle slik midt på natten mutters alene i et fremmed land. Jeg tenker på århundrets sykkelduell[4-5] som utspant seg på disse veiene i 1912. Forhistorien var at to av Italias fremste syklister hadde røket uklar. Giovanni Gerbi med kallenavnet *den røde djevelen* hadde så utfordret Carlo Galetti, vinneren av Giro d'Italia 1910 og 1911, til duell. Ikke med hver sin revolver som i de italienske spaghetti-western filmene, men med hver sin sykkel. Vinneren ville være den som var raskest på en individuell tempo. Det spesielle med denne tempoen er at hele løypen til sykkelrittet Il Lombardia på 300 kilometer skulle tilbakelegges før vinneren kunne kåres. Forståelig nok vegret Galetti seg mot å stille opp, men til slutt ble presset fra pressen for stort. I et forferdelig uvær tok det over 25 timer å fullføre duellen. Halvveis ledet Gerbi med 5 minutter, men mot slutten kjempet Galetti seg tilbake og tok seieren med 4 minutter og 40 sekunder. Med tanke på den lange distansen vil jeg kategorisere resultatet som en knapp seier. Jeg tenker også på hvor fornøyelig det ville vært dersom Thor Hushovd og Edvald Boasson Hagen ble uvenner og bestemte seg for å gjøre opp seg imellom på samme måte.

Omsider tar gatelysene slutt og jeg befinner meg i bekmørke. Jeg fokuserer fullt og helt på å holde meg på den heltrukne hvite linjen som så vidt lyses opp av det svake lyset fra sykkellykten. Refleksvesten og det blinkende baklyset gjør at jeg føler meg trygg om det mot formodning skulle komme en bil. Jeg fortsetter å trille lydløst og ubemerket gjennom det flate landskapet. I halv fem-tiden blir stemningen trolsk når jeg for første gang skimter konturene av de høyreiste alpene foran meg. Det er fascinerende å nærme seg alpene på denne måten og se hvordan grålysningen gradvis letter på det mørke sløret. Klokken halv syv er jeg fremme ved foten av legendariske Muro di Sormano drøyt 800 meter over havet. I årene 1960, 1961 og 1962[11] ble den ekstremt bratte bakken syklet som en del av høstklassikeren Il Lombardia. Etter rittet i 1961 var Ercole Baldini, vinneren av Giro d'Italia 1958, svært misfornøyd og klaget at «bakken var forferdelig, simpelthen umulig å sykle».

Muro di Sormano — veggen.

Året etter ble den samme Baldini klokket inn til den raskeste tiden av alle opp bakken. Rekorden gjorde ham forlegen siden han visste at han ikke var den beste klatreren, men den som hadde flest fans. Og de hadde ivrig dyttet ham opp bakken. De andre rytterne protesterte heftig og året etter ble Muro di Sormano tatt ut av rittet. Bakken forsvant inn i glemmeboken inntil den like etter årtusenskiftet ble tatt frem fra glemselen og restaurert til å bli et kunstverk av en sykkelbakke. Ny asfalt ble lagt. Og på asfalten ble det skrevet inn sitater fra kjente syklister og tidene til de beste rytterne fra årene 1960, 1961 og 1962. Den iherdige innsatsen bar frukter. For nøyaktig 50 år etter at Baldini ble dyttet opp bakken ble Muro di Sormano i 2012[12] nok en gang innlemmet som en del av det fallende løvs ritt, Il Lombardia.

Jeg kjenner en sitrende forventning i kroppen ved at jeg nå skal få prøve meg i denne bakken. Utfordringen er at Muro di Sormano i løpet av sine 1,7 kilometer stiger 280 høydemetre.[13] På det bratteste er stigningen 25 %, mens gjennomsnittlig stigning er 17 %. Ikke overraskende er jeg alene i bakken så tidlig om morgenen. Uten å mukke innfinner jeg meg med at jeg ikke vil få et eneste dytt. Den smale veien mellom gamle eiketrær går rakt oppover. Jeg finner stor inspirasjon i at hver eneste høydemeter er malt på asfalten. 868. Jeg runder første sving til venstre og får bekreftet at fortsettelsen er like bratt. 929. Iveren tar nesten overhånd, men etter hundre tilbakelagte høydemetre puster jeg nå merkbart tyngre. Dessuten har jeg vondt i ryggen. Jeg biter tennene sammen og fortsetter å telle. Det er egentlig rart hvor stor motivasjonseffekt tallene på asfalten har. Jeg setter meg små delmål på ti høydemetre, men så snart jeg nesten har nådd målet flytter jeg det med nye ti meter. Og hver gang lar jeg meg lure. 1001. 1002. 1003. En vits. For det er ikke noe problem å holde avstanden til syklisten foran meg siden han, eller hun, må ha passert her i går. 1Q84. Det er som om jeg befinner meg alene i en parallell verden hvor tiden står stille og jeg bare *er*. Jeg begynner å bli sluttkjørt, men nekter å gi meg. Heldigvis er ikke bakken fullt så bratt lenger. Så ser jeg en bom foran meg som bare kan bety en ting – at jeg endelig har nådd toppen. Seieren smaker søtt. Og utsikten utover Posletten mot Milano er praktfull i morgensolen. Fra toppen går det bratt nedover til landsbyen Nesso ved Comosjøen. Veien er smal og jeg holder lav fart. Det tar på å holde bena i ro på pedalene kilometer etter kilometer og til slutt kjenner jeg antydning til krampe i leggene. Vel nede ved Comosjøen lar jeg meg blende av den vakre utsikten. Jeg tar meg også tid til en matbit før jeg setter kursen østover. De neste femten kilometerne langs innsjøen er dryge og jeg merker at kraftanstrengelsen opp Muro di Sormano virkelig har tappet meg for krefter. Jeg har ikke mer å gi. Akkurat det skaper bekymring med tanke på at sykkeldagen knapt har begynt.

Humøret forvitrer og i Bellagio ved foten av den 10,6 kilometer lange bakken opp til Madonna del Ghisallo føler jeg meg rett og slett likegyldig. Vannflaskene er tomme og jeg lider i varmen. To-tre kilometer opp i bakken stopper jeg i et skyggeparti og tar av meg stillongsen jeg har hatt på meg hele natten. Jeg tråkker ufortrødent videre, men blir forvirret når bakken flater ut og fortsetter nedover. For dersom veien tar meg helt ned til Comosjøen vet jeg ikke om jeg har det i meg til å begynne på an igjen. Heldigvis går det ikke lenge før veien igjen fortsetter oppover. Av en eller annen grunn mister jeg helt evnen til å bedømme avstander. Overraskelsen er derfor stor når jeg plutselig ser den lille kirken foran meg, som ikke kan bety annet enn at jeg er på toppen. Foran kirken står tre flotte byster av Gino Bartali, Fausto Coppi og Alfredo Binda. Til sammen vant de tre italienske sykkellegendene Giro d'Italia tretten ganger.[2] Med sine seire i 1925, 1927, 1928, 1929 og 1933 ble Alfredo Binda den første til å vinne giroen fem ganger. I 1927 vant han 12 av de 15 etappene og i 1929 vant han hele 8 etapper på rad. Han var så suveren at arrangørene betalte ham en stor sum penger for ikke å stille til start i 1930. Gino Bartali vant giroen i 1936 og 1937, men i 1940 måtte han lettere forsmådd se at hans egen hjelperytter Fausto Coppi stakk av med seieren. I den første giroen etter krigen, i 1946, var Bartali igjen den sterkeste, men så overtok den fem år yngre Fausto Coppi hegemoniet med sine seire i 1947, 1949, 1952 og 1953. Rivaliseringen mellom Bartali og Coppi løftet sykkelsporten til bristepunktet i det sykkelgale Italia. Det gikk nesten ikke en dag uten at de preget forsidene i avisene. Bartali var tiljublet av sykkelfans i det fattige sør, mens Coppi var helten i det rike nord. Fausto Coppi døde av malaria i 1960, 40 år gammel. I forbindelse med begravelsen sto følgende å lese i Dagbladet:[14]

Fausto Coppi sto for italienerne som den største idrettshelt de har fostret, og den store Campionissimo, mestrenes mester, ble legendarisk lenge før sin død.

Det var også kjent at Coppis kroppslige abnormitet ga ham fordeler. Hans lege skrev at hans unormale fysikk best kunne karakteriseres ved å fremheve hans kortvokste kropp som var utstyrt med lange, senete armer og ben. Hans lungekapasitet var unormal stor og brystkassen hadde større tverrmål fra rygg til bryst enn fra side til side. Under innånding lignet brystet en stor banjokasse. En syklende kunstner, ble han også kalt, og hans forsering mot fjellpassene og artisteriet i utforkjøringene går det de merkeligste historier om. Selv om vi bruker vår beste fantasi kan vi ikke finne en eneste idrettsmann i verden å sammenligne Coppi med. Han forenet en Zátopeks jernvilje med en eleganse og stil vi bare kan finne hos rasehester og negersprintere.

Madonna del Ghisallo – syklistenes skytshelgen.

Tsjekkoslovaken Emil Zátopek vant gull på 5000 m, 10000 m og maraton under sommer-OL 1952.[15] Han var kjent for sin jernvilje og brutale treningsmetoder og regnes for å være den som fant opp intervalltrening og hyperventilasjonstrening. Når det gjelder Dagbladet sin beskrivelse av Coppi sin stil og eleganse er det vel ikke annet å si enn at ordbruken bærer preg av å være fra en svunnet tid.

Det er med ærefrykt jeg går inn i kirken. Jeg smaker på følelsene som kommer og er ikke i tvil om at dette må være sykkelsporten sitt spirituelle hjem. For i 1949[16] overtalte en lokal prest pave Pius XII å gjøre kirken til skytshelgen for syklister. Midt i det lille kapellet brenner en evig flamme til minne om alle dem som har omkommet på sykkel. På veggene er det minneplater og sykkeltrøyer fra nær og fjern fortid. Og oppunder taket henger sykler som har tilhørt noen av de største legendene innen sykkelsporten; Gino Bartali, Fausto Coppi, Felice Gimondi, Eddy Merckx, Francesco Moser og Alfonsina Strada.

Innerst i kapellet, på gitteret ved alteret, henger syklistenes bønn til Jomfru Maria på italiensk, som fritt oversatt til norsk lyder omtrent som følger:

Å Mor til Herren Jesus, hold oss rene og oppglødde i våre sjeler,

modige og sterke i våre kropper,

skån oss fra fare i trening så vel som i konkurranser

Vi ber deg om å gjøre sykkelen til et redskap for brorskap og vennskap,

som vil bringe oss nærmere Gud

Jeg blir fylt med varme og klarer ikke motstå den store fristelsen det er å avslutte på samme måte som klokkeren i kirken: «Slik lyder Herrens ord». Idet jeg går ut av kirken senkes skuldrene. Jeg rusler bort til en fontene like ved og fyller guddommelig vann på flaskene. Prosjektet som ga så stor mening da jeg sto på startstreken elleve timer tidligere, har visnet hen og mistet sin betydning. For hva er egentlig poenget med å sykle som en gal mann fra morgen til kveld tre uker i strekk gjennom Italia, bare for å bevise at jeg kan overgå historiens lengste giro?

Madonna del Ghisallo – den evige flamme.

I nedoverbakken til Asso debatterer jeg spørsmålet. Forfatteren og syklisten i meg står på hver sin barrikade og det er rett og slett stormfullt i hodet. Om det gjør meg fjern og ukonsentrert skal være usagt, men på veien videre mot Como feiltolker jeg i alle fall trafikkflyten idet jeg skal sykle inn i en rundkjøring. Jeg står helt stille og balanserer på pedalene. Luken mellom bilene uteblir og i stedet for å klikke meg ut av pedalene mister jeg til slutt balansen. Sekundet etter ligger jeg på bakken. Jeg er raskt oppe på bena igjen og foruten et skrubbsår under venstre kne er det ikke en eneste skramme, verken på meg eller sykkelen. Psyken min er det verre med. For nå er den siste gnisten borte. Jeg tråkker motløs av sted og i veikryssene sliter jeg som aldri før med å finne den riktige veien videre. Det hjelper heller ikke på humøret at fremlykten på sykkelen har falt av. Trafikken tiltar og jeg bekymrer meg stadig mer over de italienske bilistene og kjørestilen deres. Det føles rett og slett utrygt.

Når jeg kommer til Como bestemmer jeg meg for å stoppe for lunsj. Mens jeg spiser fortsetter debatten i hodet. Forfatteren påpeker at planen om å sykle en 300 kilometer lang førsteetappe til Torino er altfor ambisiøs med tanke på hvor vanskelig det er å finne frem. Dessuten er den opprinnelige grunnidéen for turen å gjenoppleve den rikholdige historien til Giro d'Italia; ikke å sykle manisk fra morgen til kveld og knapt ta seg tid til å stoppe. Syklisten innser at han i løpet av våren har blitt altfor oppslukt av prosjektet, men er altfor stolt til å innrømme at rekordjakten har gått til hodet på ham. Det varme måltidet har ikke den oppkvikkende effekten jeg hadde håpet på. Tvert imot gjør det meg døsig. En natt uten blund på øye er i ferd med å sette sine uslettelige spor. Jeg bestemmer meg derfor for å skrinlegge planen om å sykle til Torino. I stedet sykler jeg inn i det nøytrale Sveits i et forsøk på å skape indre fred og forsoning mellom syklisten og forfatteren.

Klokken har passert ett når jeg fortsetter vestover langs Comosjøen. Omgivelsene er vakre, men jeg klarer ikke helt å sette pris på dem. For jeg er irritert på meg selv for at jeg har klart det kunststykket å glemme kartutsnittet for dagens etappe på restauranten i Como. Og nå sliter jeg med å finne veien til Sveits. Dette rittet er virkelig i ferd med å utvikle seg til et mare*ritt*. På grensen blir jeg tatt vel i mot av de sveitsiske grensevaktene som også gir meg råd og vink om veien videre på sykkel. Trafikken avtar og igjen finner jeg ro i sjelen. Det føles liksom litt mer hjemme her, noe som ikke er så rart siden jeg har forlatt EU til fordel for EFTA. Når jeg kommer til Riva San Vitale ved Luganosjøen har syklisten i meg endelig kapitulert og bedt forfatteren på sine knær om å komponere en ny giro på forfatterens egne premisser. Forfatteren humrer litt for seg selv før han skrider til verket. En viktig erkjennelse er at giroen min på ingen måte er blitt ødelagt av at jeg stakk av til Sveits. For i 33 av de 97 utgavene av Giro d'Italia har én eller flere etapper gått utenlands.[2] Den opprinnelige ruten min gjennom Italia ligger fortsatt fast, men i stedet for å utsette meg selv for unødig fare vil jeg ikke lenger på liv og død sykle gjennom de store byene Torino, Genova, Firenze, Roma og Napoli. Og på dager hvor de opprinnelige etappene er urealistisk lange vil jeg korte ned på dem, finne en egnet målby og ta toget til startbyen for den påfølgende etappen.

Morcote – Luganosjøens perle.

Det blir en flott ettermiddag på sykkel sørover langs Luganosjøen. Utsikten til idylliske Morcote på motsatt side av innsjøen er balsam for sjelen. Og når jeg passerer grensen til Italia har jeg fått fornyet håp om at giroen allikevel kan la seg gjennomføre. Lettelsen er stor når jeg ti over fem triller inn på togstasjonen i Varese; den nye målbyen for dagens etappe. Planen er å ta toget til Torino, men så oppdager jeg at skjebnen har stukket kjepper i hjulene mine. Det går nemlig ingen tog herfra til Torino, kun til Milano. Når jeg en drøy time senere ankommer sentralstasjonen i Milano finner jeg raskt frem til billettluken. I stedet for å kjøpe billett til Torino bestemmer meg for å reise enda lenger, helt til Susa ved foten av alpene. Det blir en lang kveld på toget med togbytte i Torino, men jeg er fylt av indre ro og tilfredshet. Og like før klokken elleve kan jeg fornøyd sjekke inn på Hotel Susa e Stazione som har vært drevet av familien Pasquali-Peirolo i over hundre år. Velkomsten er varm og jeg kjenner at det skal bli godt å få blund på øyet.

Etappe 2: Susa–Cuneo

Frokosten er overraskende god til å være på et lite, familiedrevet hotell. Når jeg så kommer ut i garasjen står tre tyskere der og mekker på en av de flotte motorsyklene deres. Det får meg til å tenke på gårsdagen hvor den store sykkelgleden uteble. Kanskje det bare var noe galt med innstillingen. Ikke min, men sykkelen sin. Jeg finner derfor frem unbrakonøkkelen, justerer setet én centimeter opp og pumper mer luft i dekkene. Sterk i troen på at de små grepene vil gjøre underverker føler jeg meg klar til dagens dyst.

Ute på gaten foran hotellet tar jeg et par dype åndedrag av den friske morgenlufta. Det er vindstille og overskyet, men oppholdsvær. De høye fjellene som omkranser Susa levner ingen tvil om at jeg allerede fra første tråkk vil få en opptur. Bena kjennes gode og det tar ikke mange minuttene før utsikten gir meg et smil om munnen. Det er dette jeg savnet i går. Å kunne sykle i fred uten trafikk og bare nyte naturen. Etter hvert begynner jeg å fundere på når det vil flate ut, men bakken fortsetter oppover helt til jeg kommer til middelalderfestningen Forte di Exilles[17] som ruver spektakulært ved siden av veien.

Forte di Exilles.

Så bærer det nedover til Oulx hvor jeg må vente på toget før jeg kan krysse jernbanelinjen. Jeg benytter anledningen til å etterfylle energilagrene med litt sjokolade. De neste ti kilometerne går veien slakt oppover til Cesana hvor det for alvor begynner å krible i kroppen. For i en rundkjøring er det OL-ringer og tallene 1354 som angir antall meter over havet. I klartekst betyr det at på de siste elleve kilometerne opp til Sestriere venter 679 høydemetre og en gjennomsnittlig stigning på 6,1 %.[8]

Første gang giro-rytterne klatret høyere enn 2000-meter[4] var nettopp her i Sestriere. Året var 1911 og tre år senere spilte fjellpasset igjen en viktig rolle i den historiske 1914-giroen. Men verken 1911 eller 1914 kan måle seg med det som skjedde på den syttende av nitten etapper i 1949.[18] Etappen var 254 kilometer lang og gikk over fem fjellpass, hvorav Sestriere-passet var det siste. Før etappen var det som vanlig munnhuggeri mellom Gino Bartali og Fausto Coppi. Begge holdt seg for gode til å ta den andre sitt navn i sin munn. Coppi fyrte opp pressen med å si «Fortell han andre at jeg skal sykle fra ham. Fortell ham at han bør ta en grundig kikk på bakhjulet mitt på startstreken for det er den eneste gangen han vil se det». Bartali svarte «Jeg tror han vil angripe på det første fjellet, men jeg skal ta ham igjen på det fjerde og sykle fra ham på det femte». Det var en kald dag med regn. Og som Bartali spådde før etappen angrep Coppi på det første fjellet med 192 kilometer igjen til mål. Coppi må ha hatt en enorm tro på seg selv, for over fem timer én mot alle på sykkel er en nesten umulig oppgave. Men denne dagen var Coppi i en klasse for seg. Hver kilometer økte han ledelsen på forfølgerne og i mål var han tolv minutter før Bartali på andreplass. Uten Coppi ville jernmannen Bartali sin prestasjon vært fabelaktig for han var ytterligere syv minutter foran tredjemann. Utklassingen fikk den italienske sportsjournalisten Buzatti[18] til å boble over av begeistring. Resultatet ble et episk stykke hvor han mer enn antydet at den 35 år gamle Bartali var blitt for gammel:

For tretti år siden lærte jeg på skolen at Akilles drepte Hector. Er dette en for storartet og høytidelig sammenligning? Nei. Hva er vitsen med å kalle disse «klassiske studier» hvis bruddstykkene som fester seg i vår hukommelse ikke er en integrert del av livene våre? Fausto Coppi har ikke Akilles sin iskalde grusomhet, men Bartali opplever det samme drama som Hector: tragedien om en mann beseiret av Gudene. Bartali har kjempet mot en supermenneskelig kraft og han kunne ikke annet enn å tape. For konkurrenten hans er den ondskapsfulle svekkelsen av å eldes.

Bakken opp til Sestriere begynner ganske bratt med hårnålssvinger de første kilometerne. Så retter veien seg ut og fortsetter noe slakere oppover fjellsiden i en vid dal med flott utsikt til høye hvitkledde fjell på motsatt side. Til tross for tunge truende skyer koser jeg meg. Jeg tenker på 1911, 1914 og 1949 og at det er noe eget med å følge i legendenes hjulspor. Tre kilometer før toppen blir det brattere og veien er her sikret med det største og mest robuste autovernet jeg noen gang har sett. På en måte ødelegger det naturopplevelsen, men innerst inne vet jeg at jeg tenker tull. For sikkerheten til trafikantene må selvsagt stå i høysetet. Det kjente vintersportstedet Sestriere er helt forlatt og minner mest om en spøkelsesby. Allikevel tar jeg meg tid til et par bilder foran fontenen med inskripsjonen som slår fast at jeg nå er 2035 meter over havet. Det føles godt å ha brutt den magiske 2000-meter grensen allerede på den andre etappen. Så begynner det å regne lett. Jeg tar på meg vindtett jakke, buff og sykkelhansker. Jeg kjenner meg så god og varm at jeg nærmest hånler av været før jeg begynner på den 55 kilometer lange nedfarten til Pinerolo. Regnet øker i styrke, men jeg har et berettiget håp om at det vil gi seg når jeg kommer litt lenger ned fjellsiden. Regndråpene trommer på hjelmen og av en eller annen grunn begynner jeg å nynne på en gammel vær-klassiker:

So I just did me some talkin' to the sun. And I said I didn't like the way he got things done
Sleepin' on the job. Those raindrops are fallin' on my head, they keep fallin'

Det går ikke lenge før jeg er gjennomvåt og hakker tenner. For hver kilometer blir jeg mer og mer irritert på at solen har tatt lunsjpause når jeg trenger den som mest. Jeg tenker på hvor tungt psykisk det må være å sykle et langt sykkelritt i regnvær; gjennomvåt og med neglebitt på fingre og tær. Hvor sjenerende og irriterende det må være å sitte i hovedfeltet og få spruten fra bakhjulet til rytteren foran seg rett i ansiktet. Kilometer etter kilometer. Og på nervøsiteten for at en eller annen skal falle og ta en selv med seg i fallet. Jeg innser at jeg egentlig ikke har noen grunn til å klage her jeg troner i ensom majestet. I stedet fortsetter jeg å nynne på den gamle vinylplaten med hakk i; *Raindrops are fa-fa-fa-llin' on my-my-my head, they keep fa-fa-fa-llin'*. Etter ti kilometer får jeg omsider gehør hos solen som i Pragelato hilser meg velkommen med tørr asfalt. I ryggsekken har jeg sykkelbukse, sykkeltrøye og sokker. Lykkefølelsen av å få skiftet fra vått til tørt er fullkommen. Så følger to overraskelser langs veien. Først Forte di Fenestrelle[19] som er Europas største alpefort og dekker utrolige 1350000 kvadratmeter. Det er fascinerende å se hvordan fortet fra 1700-tallet ruver i landskapet oppover den bratte fjellsiden.

Forte di Fenestrelle.

Dernest de flotte veggmaleriene på husene i den lille landsbyen Roreto. Etter en kort tur innom Pinerolo fortsetter jeg sørover Posletten. De høyreiste alpene med sine hvitkledde topper ligger hele tiden til høyre for meg. Like før den vakre byen Saluzzo krysser jeg Italias lengste elv. Poelven er 652 kilometer lang[20] og munner ut like sør for Venezia. Mot slutten av etappen ebber kreftene gradvis ut og jeg er derfor lettet når jeg kommer til broen som leder meg til sentrum av Cuneo. Jeg sjekker inn på Hotel Palazzo Lovera og avslutter kvelden med fire-stjerners middag i hotellets restaurant. Foruten meg er det et 20-talls tyske turister i restauranten – alle pensjonister. Maten står til terningkast seks. Kjøttet er perfekt stekt og så mørt at det smelter på tungen. Hvitvinen er lokal og bærer navnet *Gavi Marchesi di Barolo 2012*. Til tross for at jeg ikke kan mye om vin leker jeg med tanken på at jeg hver kveld i løpet av giroen skal smake lokal vin og skrive mine egne anmeldelser. Når jeg kommer hjem skal jeg så sammenligne notatene mine med anmeldelsene til ekspertene. Om kveldens vin noterer jeg «Frisk i smaken, lett å like». Selv om jeg er ordknapp er det ingen tvil om at jeg er inne på noe. For den kanadiske vinkjenneren Natalie MacLean[21] gir vinen 89 av 100 mulige poeng og beskriver den som «Crisp and clean with terrific lemon zest and freshness. There's some yellow apple and white pear on a clean finish».

Etappe 3: Cuneo–Sestri Levante

Jeg våkner tidlig og blir ikke særlig overrasket over å være alene i restauranten når frokostserveringen åpner. De tyske pensjonistene sover tydeligvis litt frempå etter den gode maten og vinen kvelden før. Jeg derimot, har flere lange dager foran meg på sykkelsetet og kan ikke legge meg til slike vaner. Det gleder meg imidlertid at kroppen kjennes helt uberørt av de to første etappene, og jeg kan nesten ikke vente med å komme meg til Liguriakysten.

De første timene minner mye om den flate avslutningen dagen før, men etter Mondovi blir terrenget mer kupert. 60 kilometer ut på etappen kommer jeg til Priero og fortsetter derfra på en vei uten biler i randsonen av naturreservatet Sorgenti del Belbo. Det er fredfylt å sykle her med tett skog på begge sider av veien. Ferden fortsetter oppover uten at jeg bekymrer meg nevneverdig over det. Faktisk koser jeg meg de fem tunge kilometerne opp til toppen av Montezemolo 754 meter over havet. Så fortsetter jeg nedover mot Liguriakysten. Tilgodelappen med høydemetre veksler jeg inn litt etter litt og den er dryg. Like før Cadibona sykler jeg på en åskam med fantastisk utsikt mot de omkringliggende skogkledde åsene og dalsøkkene. Men det er faktisk fremmedelementet i dette kuperte landskapet som imponerer meg mest – motorveien.

Italiensk veikunst.

Fra Cadibona bærer det bratt nedover en trang dal til havnebyen Savona. Jeg tar meg tid til en kort sightseeing, men det er for mange turister til at jeg klarer å finne roen. Dessuten kan jeg ikke la være å tenke på dramaet som utspant seg her i 1969.[4,22] Det var hviledag før rittets siste uke. Tidenes kanskje beste syklist Eddy Merckx hadde en komfortabel ledelse på den italienske hjemmefavoritten Felice Gimondi. Tidlig på morgenen begynte ryktene å gå om en positiv dopingprøve. Til slutt hadde ryktet nådd alle unntatt mannen som satt og koste seg ved frokostbordet og så frem til en ny dag i den rosa trøyen. Da han ble gitt de nedslående nyhetene, at han hadde testet positivt og ville bli kastet ut av rittet, brøt Merckx sammen i tårer. I møtet med pressen bedyret han sin uskyld og hintet at det hele var et komplott fra italienernes side for å sette ham ut av giroen og sikre hjemmeseier. I etterpåklokskapens ånd er det store spørsmålet om vi virkelig kan tro på en syklist som nekter for at han dopet seg? Eller er dette unntakstilfellet hvor konspirasjonsteoriene faktisk holder vann? For konspirasjonsteoriene er mange. Siden Merckx ledet rittet visste han at han ville bli testet, noe han allerede hadde blitt ni ganger tidligere i rittet med negativt resultat. Dessuten var den foregående etappen så lett at det burde være unødvendig for en rytter av Merckx sitt kaliber å ty til ulovlige midler. Seksten timer etter testen i Savona avga Merckx en ny test som var ren. Dersom den høye konsentrasjonen av forbudte stoffer som ble funnet i Savona-testen stammet fra Merckx ville den nye testen ifølge ham selv ikke vært ren. Dessuten verserer en historie om at en rytter fra Gimondi sitt lag to dager før hviledagen i Savona tilbød Merckx en koffert med penger hvis han *ga fra seg seieren*. Merckx som var kjent for aldri å selge seieren i noe ritt takket ettersigende høflig nei med ordene «Bare ikke fortell meg hvor mye som er i kofferten, så slipper jeg å angre senere».[22]

Det hele er som tatt ut av en italiensk gangsterfilm, men selv om det er momenter som taler til Merckx sin fordel våger i alle fall ikke jeg å peke ut *hvem som er skurken*. For sykkelsporten har vist seg å være som en krimroman med ledetråder hit og dit. Til slutt når sannheten avsløres blir man nesten alltid overrasket. Jeg setter meg på sykkelen og tråkker videre østover. Veien går småkupert helt nede ved havet. Det er fascinerende å se hvordan den ene idylliske småbyen etter den andre er klemt inn på den smale landstripen mellom havet og de høye skogkledde fjellene. Og husene har fine, friske farger som er til å bli glad av. Det er rett og slett en sann fryd å sykle her.

I Varazze stopper jeg på strandpromenaden for pizza på Ristorante Pizzeria Don Carlos. Mens jeg koser meg med den deilige pizzaen tenker jeg på en historie fra endagsrittet Milan-San Remo i 1946.[23] Jeg blir sittende en god stund og fundere på om den kan være sann eller ikke. På forhånd var det knyttet stor spenning til dette rittet fordi det var det første viktige rittet etter krigen. Hvem ville være best? Gino Bartali eller Fausto Coppi? Da Coppi passerte den jublende folkemassen her i Varazze var han alene i tet, med åtte minutters ledelse på de nærmeste forfølgerne. I Imperia, 25 kilometer fra mål, hadde han økt ledelsen til ti minutter og seieren så ut til å være sikret. Men så skjedde noe merkverdig. Ved Caffè Piccardo i Imperia senket Coppi farten, steg av sykkelen og satte den forsiktig opp mot gjerdet. Så gikk han inn på kaféen og bestilte en espresso, drakk opp, betalte og syklet videre.

Varazze.

I San Remo hadde han økt ledelsen ytterligere og vant med fjorten minutter. Seieren var så overlegen at radiokommentatoren ikke kunne annet enn å annonsere: «På førsteplass, Fausto Coppi, og mens vi venter på andremann, skal vi spille noe fin musikk». Jeg merker at jeg blir i godt humør av å tenke på hvor leken idretten kunne være før i tiden. Som første nordmann vant Alexander Kristoff sykkelklassikeren Milan-San Remo våren 2014. Tenk om Kristoff en gang i fremtiden kunne klare å vinne med samme oppskrift som Coppi? Det ville vært spektakulært. For en ting er å skrive seg inn på listen med de mange vinnerne av rittet. En annen ting er selv å skrive historie slik som Coppi. Med tiden vil de fleste på listen bli glemt, mens historien om Coppi vil bli gjenfortalt i generasjon etter generasjon.

God og mett fortsetter jeg ferden de siste 40 kilometerne til Genova. Det er vanskelig å beskrive med ord den berusende følelsen som strømmer gjennom kropp og sjel. For det å sykle langs Liguriakysten er noe av det mest makeløse jeg har opplevd. I Genova utvides veien til tre kjørefelt i hver retning, men heldigvis har ikke ettermiddagsrushet satt inn for fullt. Konsentrasjonen er på topp, noe som er absolutt nødvendig i mylderet av biler, busser, Vespaer og eldre menn som plutselig finner det for godt å krysse gaten. Full av adrenalin øker jeg farten og kommer inn i samme flyt som bilene. Trafikklysene er vennlige og ønsker meg velkommen med grønne lys gang etter gang. Akkurat det får meg til å smile. Selv om jeg føler at jeg har godt overblikk kan jeg ikke unngå å bli bekymret for alle bilene som står parkert langs veien. For jeg vet godt hva som kan skje dersom noen plutselig åpner en bildør foran meg. Jeg holder derfor bevisst en halv meter avstand til veikanten og slipper dermed også å sykle over alle rennestenslukene. Men når alt kommer til alt er jeg egentlig mest glad for at jeg sitter på en lett manøvrerbar sykkel og ikke bak rattet i en bil. Jeg er så oppildnet at jeg føler meg snurt når Genova er passert. For å sykle gjennom storbyen var en heftig opplevelse. På samme tid frister det lite å snu og sykle tilbake. I fortsettelsen sørover langs Liguriakysten blir jeg igjen dratt inn i den italienske drømmeverdenen med vakre veier, idylliske små landsbyer og fantastisk natur. Etter hvert blir åsene mellom landsbyene større og større, men denne ettermiddagen preller det liksom bare av.

Drømmer varer ikke evig. For hjernen er skjør. I den lange oppoverbakken til San Lorenzo della Costa oppdager jeg at festet for styrevesken har gått i stykker. Styrevesken henger nå usikret og kan falle av når som helst. Riktignok vil den uansett bli hengende i sykkellåsen som jeg har festet rundt styret, men hjernen klarer ikke å gi slipp på det

Sori.

San Lorenzo della Costa.

faktum at sykkelen nå har *én mangel*. Med ett er jeg ikke oppildnet lenger. Hodet fylles av negative tanker som jeg ikke klarer å bli kvitt. Planen er å overnatte i Chiavari, men førsteinntrykket av byen er heller slett. Siden det er tidlig på kvelden bestemmer jeg meg for å fortsette et stykke til. I utkanten av byen stopper jeg i en sykkelbutikk, men må skuffet innse at de ikke har styrevesker. Idet klokken passerer åtte ser jeg idylliske Sestri Levante i horisonten. I samme øyeblikk bare vet jeg at dette må bli målbyen for dagens etappe. Jeg sjekker inn på Grand Hotel Villa Balbi. Hotellet har en historie som skriver seg tilbake til 1600-tallet[24] og i resepsjonen er det både lysekroner og takmalerier. Atmosfæren er helt unik.

Etter en god dusj tar jeg meg en spasertur langs strandpromenaden og vurderer de ulike restaurantene. En av dem bærer navnet Verve og har et eksklusivt preg. Jeg lar meg verve som kunde og bestiller *Filet of beef from piedmont cooked with aromatic herbs*. Steken er fiffig anrettet og passe mør. Kveldens hvitvin er lokal; *Cinque Terre Terenzuola 2013*. Den kan på ingen måte måle seg med vinen fra kvelden før, men den blir faktisk bedre for hvert sipp. Allikevel bestemmer jeg meg for å skrinlegge idéen om å leke vinanmelder på ferden gjennom Italia. Siden restauranten er eksklusiv gafler jeg ikke maten i meg som en utsultet syklist, men spiser sakte og sivilisert som en hvilken som helst annen *dannet* restaurantgjest. På bordet ved siden av meg sitter et forelsket par som bygger opp om myten om italienere som lidenskapelige. For kvinnen flytter seg fra sin side av bordet over på fanget til mannen og kysser ham heftig. Jeg vet ikke helt hvor jeg skal gjøre av meg, men blir reddet av at de får servert *hovedretten*. Til dessert bestiller jeg *Stawberries with cream Mou and muscat zabaglione*. Jordbærene er varme med sjokolade og krem. Og smakene smelter sammen akkurat som paret ved siden av. Når jeg skal betale får jeg en ubehagelig overraskelse. Betalingsterminalen gir feilmelding når den leser visa-kortet mitt. Smånervøs spør jeg om det finnes en minibank i nærheten. Eieren av stedet setter stor pris på forslaget og tilbyr seg å vise meg veien. Etter noen setninger hver på engelsk finner vi ut at vi like gjerne kan slå over på vårt eget morsmål. Svensken kan fortelle at *Verve öppnades för tre dar sen och att han är nyfiken över hur det kommer att gå*. Og når vi kommer tilbake til restauranten *erbjuder han mig ett glas vin för besväret*, men jeg takker høflig nei. Jeg har en lang dag foran meg på sykkelsetet neste dag og to glass hvitvin er mer enn nok. Når jeg rusler tilbake til hotellet tenker jeg på hvor mye man kan oppleve i løpet av én enkelt dag når man er på tur.

Etappe 4: Sestri Levante–Lucca

Jeg våkner med antydning til abstinenser. Ikke fra vinen, men fra gårsdagens fantastiske sykkelopplevelse. *For jeg fikk en liten smak av rus i går, og nå må jeg ha mer.* Jeg kan nesten ikke vente med å komme meg av gårde til Cinque Terre og det skjeve tårnet i Pisa. Men først tar jeg meg tid til en overdådig frokost på det flotte hotellet.

I 1833 bodde den danske forfatteren H.C. Andersen[25] en kort periode i Sestri Levante. Bukta ved hotellet bærer derfor navnet Baia delle Favole som oversatt til norsk betyr *eventyrbukta*. Jeg tenker på uttrykket *bukta og begge endene* og at Sestri Levante faktisk har en bukt i begge endene.

Sestri Levante.

For på den andre siden av den lille halvøya som stikker ut i Middelhavet ligger den mer kjente Baia del Silenzio. Vinden blåser friskt og gjør den ellers så idylliske bukta alt annet enn stille og innbydende. For i dag skummer det hvitt fra bølgetoppene som brekker før de når stranden. Jeg retter på hjelmen og tråkker av gårde oppover fjellene i retning Cinque Terre. Etter en times klatring blir jeg innhentet av mørke skyer. Det begynner å pøsregne, men siden det er lite trafikk er jeg ikke tapt bak en vogn. I stedet søker jeg resolutt tilflukt under et stort tre. Jeg biter i meg skammen det er å stå slik i min egen giro, men *den som venter på noe godt, venter ikke forgjeves.* Et kvarter senere slutter regnet like brått som det begynte, men for sikkerhets skyld tar jeg på meg regnjakken før jeg fortsetter oppover. Det er inspirerende å sykle på denne veistrekningen som er av de mest brukte i giro-sammenheng. Jeg nærmer meg Passo del Bracco, noe som får meg til å tenke på episoden som utspant seg her under Giro d'Italia 1946. Fausto Coppi la aldri skjul på at han brukte sentralstimulerende midler når det var nødvendig.[18] Og på spørsmålet om hvor ofte det var nødvendig svarte han «Nesten alltid». På den tredje etappen la Gino Bartali merke til at Coppi drakk fra en mystisk glassampull som han så kastet fra seg i en sving her ved Passo del Bracco. Nysgjerrigheten var så stor at Bartali etter målpassering kjørte sporenstreks tilbake til åstedet. Forsiktig, som en dreven detektiv, plukket han opp ampullen og sendte den til laboratorium for analyse. Resultatet av det som trolig var historiens første dopingtest må ha vært nedslående for Bartali. For analysen viste at innholdet i ampullen bare var vanlig fransk tonic.[26]

Når jeg kommer til Passo del Bracco 613 meter over havet regner jeg med at det skal gå rakt nedover, men halvveis ned fjellsiden begynner det å gå oppover igjen. Vegetasjonen er vill og frodig, men ikke spesielt vakker. Jeg passerer slitte små landsbyer fra en annen tidsalder. Og veien fortsetter småkupert i en liten evighet før det endelig bærer bratt nedover til Levanto ved Middelhavet. Inspirert av at jeg nå nærmer meg Cinque Terre sykler jeg videre på direkten. Igjen fortsetter veien oppover en endeløs bakke. På toppen av den ene åsen langt der fremme kan jeg skimte en rekke med trær. Og jo mer jeg ser på dem, jo mer tydeligere går det opp for meg hva det er jeg ser. Om det bare er en illusjon vet jeg ikke, men for meg ser trærne ut som en karavane med kameler; en lang karavane med kameler. Jeg tenker på Jack Rostøl sin turbok *Så du kamelene på Dalsnuten?* og funderer på om sykkelboken min kanskje vil pirre nysgjerrigheten til flere potensielle bokkjøpere dersom jeg kaller den *Så du kamelene i Cinque Terre?* Det er drygt opp til kamelene. Jeg begynner å miste gnisten og tråkker uinspirert videre tråkk på tråkk. Akkurat idet klokken passerer tolv når jeg toppen, bare for å bli presentert for en enda høyere topp lenger fremme.

Legnaro.

Landskapet blir vakrere og når jeg endelig kommer til skiltet som hilser meg velkommen til Cinque Terre har også de siste skyene forsvunnet fra himmelen. Veien fortsetter på en fjellhylle med spektakulær utsikt. Her oppe er det vill flora, mens det lenger nede er dyrket vin på terrasser i de bratte fjellskråningene. Og helt nederst ligger de fem små idylliske fiskerlandsbyene som nærmest klamrer seg til klippene. Først Monterosso al Mare, så Vernazza, Corniglia, Manarola og til sist Riomaggiore. Cinque Terre er utvilsomt verdig sin plass på UNESCO sin verdensarvliste.[27] Den opprinnelige planen min var å sykle ned til hver og en av de fem landsbyene. Men etter alle oppoverbakkene for å komme meg til Cinque Terre frister det lite. Dessuten er utsikten herfra mer enn god nok. Jeg tenker på hvor sjelden de må ha fått besøk før i tiden da landsbyene bare kunne nås til fots eller sjøveien. Og på hvordan det må ha vært å bo på de bratte klippene før elektrisiteten kom. I bunn og grunn er jeg glad for jeg lever nå, i 2014, med all den komforten vi har tilgjengelig.

Manarola.

Lerici.

Etter Cinque Terre fortsetter ferden gjennom den 1023 meter lange Biassa-tunnelen. Tunnelen er trang og selv om jeg har refleksvest og blinkende baklys føler jeg meg ukomfortabel. Den påfølgende syv kilometer lange nedoverbakken til La Spezia er kjærkommen. Trafikken tetter seg til og jeg slapper derfor ikke riktig av før jeg kommer til idylliske Lerici.

Sulten gnager, men jeg fortsetter videre til Romito Magra hvor jeg får øye på en liten iskremkafé. Den unge jenta bak disken er flott antrukket i hvit iskremselgeruniform og hilser meg velkommen med et vakkert colgate-smil. Jeg kjøper en is med *stracciatella* smak, setter meg utenfor kaféen og nyter iskremen, solen og livet. Det er ingen tvil om at denne formen for iskremsalg er mye mer tiltalende enn iskrembilene som kjører rundt på norske byggefelt. Men siden hver is bare koster to euro sliter jeg med å forstå hvordan kaféen kan gå i pluss. For å gi mitt skarve bidrag kjøper jeg enda en is før jeg sykler videre. Og nok en gang får jeg et vakkert colgate-smil på kjøpet.

Klokken er rukket å bli fire og det gjenstår 60 kilometer til Pisa. Iskremen gir meg nye krefter og fornyet fokus. Så langt i dag har jeg kost meg på veien uten å tenke på klokken, men skal jeg komme til Pisa før det blir mørkt må jeg få opp farten. At veien videre er kjedelig sammenlignet med Cinque Terre passer meg derfor godt. Den er snorrett, flat og velegnet for høy fart. Jeg registrerer også at husene langs veien ikke er like velholdte som husene lenger nord på Liguriakysten, og at fargene er heller blasse. Akkurat det med fargene får meg til å tenke på trøyen som lederen av Giro d'Italia bærer. Mens trøyen i Tour de France er gul, så er trøyen i giroen rosa. Det litt spesielle fargevalget skyldes at avisen La Gazzetta dello Sport som står bak rittet trykkes på rosa avispapir.[4] Selv om rittet første gang ble arrangert i 1909, ble trøyen først introdusert i 1931. Italieneren Learco Guerra[4] ble den første til å ikle seg trøyen. Eddy Merckx er den rytteren som har tilbrakt flest dager i rosa (78 dager).[5] Historiebøkene viser at kun én nordmann har båret den rosa trøyen og det er verken Thor Hushovd eller Edvald Boasson Hagen. Med to dager i rosa i 1975 og én dag i 1981 befester den olympiske mester Knut Knudsen[4] sin posisjon som den mest suksessrike nordmann i giro-sammenheng.

I Viareggio kommer jeg inn på en vei med fartsgrense 90 km/t. Siden veien har to felt i hver kjøreretning adskilt med midtdeler er jeg usikker på om veien er tillatt for syklister. Imidlertid ser jeg ingen fullgode alternativer på kartet mitt, så i stedet for å snu, øker jeg farten. Noen kilometer senere svinger jeg av til en bensinstasjon og kjøper forfriskende drikke. Og idet jeg skal svinge inn på veien igjen ser jeg en annen syklist passere. Skuldrene senkes og ikke lenge etter senkes også fartsgrensen til 70 km/t. Klokken viser 18.52 når jeg endelig er fremme ved det skjeve tårnet i Pisa.[28] Det er rart å tenke på at en av arkitekturhistoriens største fadeser 900 år senere er blitt til et av verdens mest kjente byggverk. For grunnen til at det 55 meter høye klokketårnet heller 4 % er at det er oppført med dårlig fundamentering på et gammelt myrområde. Men det er ikke bare det skjeve tårnet som er verdt et beundrende blikk. Like ved er det en stor og praktfull domkirke som merkelig nok kommer helt i skyggen av det famøse klokketårnet. Jeg snur timeglasset opp ned og innser at tiden som gjenstår til mørket faller på er knapp. Og før den tid må jeg få tatt et godt bilde av tårnet og meg selv. På samme måte som en hauk iakttar byttet sitt begynner jeg å sirkle rundt det skjeve tårnet på Mirakelplassen. De første bildene er for mørke. Det ergrer meg siden planen er at bildet med det skjeve tårnet skal pryde forsiden på boken. Til slutt finner jeg et egnet sted ved den lille trappen opp til domkirken. Jeg stiller inn selvutløseren på kameraet. Ti bilder på ti sekunder. Knips, knips, knips. Så skifter jeg sykkeltrøye fra Marius-trøyen til den rosa giro-trøyen. Knips, knips, knips. De mange turistene gjør oppgaven vanskelig, men jeg lar meg ikke affisere. Knips, knips, knips. Knips, knips, knips. Ti på åtte har jeg brukt opp den tilmålte tiden og fortsetter fornøyd videre mot kveldens målby Lucca.

Etter ti kilometer kommer jeg til en ås. Jeg frykter at det skal bli tungt å komme seg over, men et stykke opp i bakken løser alt seg med en flott 952 meter lang tunnel. På motsatt side bærer det slakt nedover og kvart på ni er jeg fremme i Lucca. Det begynner å bli mørkt, men jeg tar meg tid til en kort sightseeing langs middelaldermuren. Deretter finner jeg togstasjonen. På toget til Firenze tenker jeg på hvordan dagen forløp og særlig det at jeg slet med alle bakkene før jeg kom til Cinque Terre. Kanskje var det godt at jeg ikke visste på forhånd hvor mange og lange de var. I Firenze sjekker jeg inn på Hotel Diplomat like ved togstasjonen. Prisen er stiv, men jeg er for trøtt til å lete etter alternativer nå som klokken har passert elleve. Når jeg kommer inn på rommet innser jeg at i Italia får man det man betaler for og litt til; egen stue, to doble soverom og to store bad. Jeg blir sittende en stund i stuen og lese dagens nyheter på smarttelefonen. Edvald Boasson Hagen har brutt årets Giro d'Italia etter den femte etappen, noe som betyr at jeg er den eneste nordmann igjen på de italienske landeveier.

Det skjeve tårnet i Pisa.

Etappe 5: Firenze–Assisi

Jeg våkner klokken seks etter en god natts søvn på det luksuriøse hotellet. Det flotte badet og stuen får meg til å føle meg som en toppsyklist reisende på første klasse. Jeg lar meg derfor ikke affisere av at knærne er både ømme og vonde etter gårsdagens etappe. Det får rett og slett briste eller bære, for dagen i dag er en dag jeg virkelig har sett frem til. Jeg skal nemlig følge i Gino Bartali sine hjulspor fra Firenze gjennom vakre Toscana til Assisi.

Frokosten på det flotte hotellet er en aldri så liten nedtur. Jeg skribler to skarve stjerner i margen på kartet før jeg klokken åtte triller sykkelen ut på gaten. Første stopp er ved den storslåtte katedralen Basilica di Santa Maria del Fiore[29] som oversatt til norsk betyr *Den hellige Marias blomsts basilika*. Da den sto ferdig i 1434 rommet den 30000 mennesker og var med det den største katedralen i Europa. Eksteriøret er forseggjort med mange flotte detaljer. Mest iøynefallende er likevel kuppelen som den dag i dag er en av verdens største i sitt slag. Den består av fire millioner mursteiner og veier 37000 tonn. Jeg tenker at det er godt katedralen ikke er bygget på et gammelt myrområde slik som det skjeve tårnet i Pisa. Ved elven Arno får jeg straks øye på Ponte Vecchio. Broen sto ferdig i 1345[30] og skiller seg fra andre broer ved at den har butikker som går langs med hele broen. Ettersigende stammer uttrykket *bankerott*[31] herfra. Når handelsmenn ikke kunne betale gjelden sin ble bordene deres med varer ødelagt av soldatene. Denne handlingen ble kalt *banco rotto* (ødelagt bord) for uten bordet kunne ikke handelsmennene fortsette å selge varene sine.

Jeg stiger av sykkelen og triller den over broen. Butikkene ser for det meste ut til å være eksklusive gullsmedbutikker. Altså ikke noe for meg, en syklist på gjennomreise. Jeg stiger på sykkelen igjen og tråkker besluttsomt videre opp til høyden Piazzale Michelangelo. Gino Bartali vokste opp like utenfor byen og dette var et av favorittstedene hans.[32] Panoramautsikten mot restene av den gamle bymuren, Ponte Vecchio og Basilica di Santa Maria del Fiore er fantastisk.

Klokken er rukket å bli ni når jeg starter ferden mot Assisi. Det går ikke lenge før jeg innser at jeg har rotet meg bort fra ruten jeg hadde planlagt på forhånd. Jeg lar meg ikke affisere av det, men fortsetter ufortrødent videre. Av en eller annen grunn leder tilfeldighetene eller skjebnen meg til den amerikanske kirkegården. På rekke og rad står 4402 hvite kors;[33] akkurat som på kirkegården i Normandie.

Firenze.

Jeg er den eneste her denne morgenen og tankene tar meg 60 år tilbake i tid. Det er som om en gammel filmavis avspilles i hodet mitt. For dagens etappe er en markering av den aller viktigste giroen - den som aldri offisielt ble arrangert. Under krigen syklet nemlig den katolske sykkelhelten Gino Bartali sin egen giro.[32] Etappene ble satt opp av erkebiskopen i Firenze og gikk ofte til Assisi og tilbake igjen. For Bartali og erkebiskopen var del av et hemmelig nettverk som jobbet i det skjulte for å redde de forfulgte jødene. Bartali sin oppgave var å frakte falske papirer i den hule rammen under sykkelsetet.

Erkebiskopens resonnement var at Bartali sin heltestatus ville heve ham over enhver mistanke. Dessuten hadde Bartali den fordelen at ingen ville stille spørsmålstegn ved at en av verdens beste syklister holdt formen ved like selv om det var krig. Allikevel var det ikke til å unngå at Bartali fra tid til annen ble stoppet av fascistene. Men hver gang de begynte å se nærmere på sykkelen formante han dem strengt om å slutte med det. For sykkelen var *fininnstilt* og selv små justeringer kunne få alvorlige fysiske konsekvenser for ham. Fascistene var imidlertid ikke blåøyde og fattet etter hvert mistanke om at Bartali sine mange, lange sykkelturer ikke bare var treningsturer. Han ble derfor innkalt til avhør i fascistenes beryktede hovedkvarter i Firenze. I det første avhøret nektet Bartali for alt han ble anklaget for og ble kastet på cella i tre døgn. I neste avhør lå torturredskapene klare, men Bartali fastholdt sin uskyld. Sjefskommandanten lot seg imidlertid ikke overbevise. Det så mørkt ut, men like før torturredskapene skulle tas i bruk grep tilfeldighetene eller skjebnen inn. En av fascistene var stor fan av Bartali og klarte å overbevise sjefskommandanten om å la Bartali få gå. Jeg sykler tankefull videre gjennom det bølgete landskapet. Først når jeg nærmer meg Greve in Chianti går det opp for meg at Toscana virkelig er vakkert. Vingårdene ligger flott på åstoppene med vinranker nedenfor seg. Så blir jeg overrasket av en lang oppoverbakke som kulminerer med skiltet *Passo del Sugame 529 meter over havet* før det bærer slakt nedover igjen. I Figline Valdarno forenes jeg med elven Arno som har funnet sin egen vei hit fra Firenze. Vi slår følge noen kilometer før vi skiller lag med avtale om å møtes igjen noen timer senere i Arezzo. Skydekket letter og idet jeg passerer det flotte middelalderslottet i Montecchio titter solen frem.

Planen min er å sykle langs østsiden av innsjøen Lago Trasimeno siden det er den korteste veien til Perugia og Assisi. Når jeg kommer til avkjørselen viser det seg imidlertid at veien videre er motorvei og forbudt for syklister. Klokken er allerede blitt fem og det er enda 70 kilometer igjen til Assisi. Jeg begynner å få tidsnød, men lar meg ikke knekke

Middelalderslottet i Montecchio.

av litt motgang. Løsningen er simpelthen å øke farten. Belønningen for omveien langs vestsiden av innsjøen er at jeg får sykle gjennom den vakre middelalderbyen Castiglione del Lago. Når jeg så nærmer meg Perugia begynner tankene å vandre tilbake til Giro d'Italia 1924.[4,6] Jeg må le når jeg tenker på hva Luigi Strada må ha svart journalistene da de spurte hvor kona hans var. Og det blir ikke bedre når jeg forestiller meg at han svarte med DeLillos sjargong:

Min beibi dro avsted, hun dro avsted. Sammen med de ekle guttene hun sykler med

Hun sykler Giro d'Italia. Hun sykler Giro d'Italia. Mens jeg sykler bort te Nice, sammen med far

For i 1924 meldte Alfonsin Strada seg på giroen. Først dagen før rittet skulle starte gikk det opp for arrangørene at Alfonsin ikke var Alfonsin, men Alfonsina. En kvinne. Imidlertid slet arrangørene økonomisk og siden de antok at en kvinne ville gi rittet ekstra oppmerksomhet lot de henne få bli med. Alfonsina ble raskt en publikumsfavoritt. På den syvende etappen til Perugia slet hun imidlertid med flere fall og punkteringer. I det ene fallet brakk hun sågar styret på sykkelen, men heller ikke det var nok til å stoppe Alfonsina. En kone blant tilskuerne var rask på labben, løp hjem og hentet et kosteskaft. Jeg forstiller meg at hun må ha vært en lubben sanitetskvinne med skaut og forkle. Og med kvinnelig list klarte de å montere kosteskaftet som styre på sykkelen. Det må ha vært litt av et syn. Alfonsina kjempet iherdig og fullførte etappen med kosteskaftet. Men alle uhellene medførte at hun kom i mål lenge etter tidsfristen. Rittledelsen ville ikke helt gi slipp på den ekstra oppmerksomheten Alfonsina ga rittet og lot henne derfor fortsette de resterende etappene utenfor konkurransen. I mål var hun 38 timer bak vinneren Giuseppe Enrici og åtte timer bak den sist plasserte av de 30 mennene som fullførte. Dette er eneste gangen en kvinne har deltatt i Giro d'Italia, Tour de France eller Vuelta a España. Og det kan også være verdt å merke seg at sykkel for kvinner først kom på det olympiske programmet 60 år senere, i Los Angeles 1984.[34] I motsetning til Alfonsina er jeg fremdeles med i rittet når jeg kommer til Perugia. Klokken er halv ni og det gjenstår nå bare 20 kilometer til Assisi. Men så gjør jeg en blunder. Av en eller annen grunn leder veien meg til en tunnel. Og siden det ikke er forbudsskilt for sykkel utenfor tunnelen tar jeg på meg refleksvesten og sykler inn. Det går ikke mange sekundene før medtrafikantene gir meg klar beskjed med hornet at her burde jeg ikke være. Når jeg kommer ut av tunnelen forstår jeg hvorfor. Jeg har forvillet meg inn på motorveien. Heldigvis er det ikke mange meterne til første avkjørsel og derfra manøvrerer jeg meg stødig frem til Ponte San Giovanni. Klokken er blitt ni og mørket kommer momentant. Jeg blir syklende en stund på kryss og tvers uten å finne den riktige veien videre. Alt er annerledes når det er mørkt. Fortvilelsen og motløsheten brer seg. Et øyeblikk vurderer jeg å sykle tilbake til hotellet jeg passerte like før Ponte San Giovanni og overnatte der. Men det vil bety at jeg ikke har fullført etappen og dermed vil lide samme skjebne som Alfonsina. Dessuten tenker jeg på Bartali og hans mange turer til Assisi. Dersom jeg gir opp nå, så har jeg ikke gjort mitt ytterste for å hedre Bartali sin innsats under krigen. Jeg bestemmer meg for å gjøre et siste forsøk på den eneste veien jeg har latt være uprøvd. For første gang på turen savner jeg fremlykten jeg mistet på første etappe. Det er ikke gatelys langs veien og på flere enn én måte ser det derfor mørkt ut. Men når jeg får øye på skiltet med *Assisi 8 km* forvandles alt.

I Gino Bartali sine hjulspor.

Jeg bare *er* og flyter av gårde velvitende om at jeg faktisk vil komme meg til mål denne kvelden. Og noen kilometer senere velsignes jeg med det fantastiske synet av den belyste San Francesco-basilikaen i Assisi foran meg.

San Francesco-basilikaen i Assisi som hever seg over det sammenbygde klosteret.

Nesten like vakker er den ubeskrivelige roen som brer seg i kroppen. Det betyr ingenting at det begynner å regne lett de siste kilometerne. Og når jeg sykler opp den siste bakken til byporten ønskes jeg velkommen av et lysskilt med teksten *Welcome to Assisi – city of peace*. Igjen lurer jeg på om det er en tilfeldighet eller skjebnen, uten at jeg har noe godt svar. Klokken er ti. Og som Bartali kom jeg meg til mål.

Jeg sjekker inn på Hotel Il Castello i selve bymuren like ved San Francesco-basilikaen. Rommet er heller stusslig så det drøyer ikke mange minuttene før jeg finner veien ned til kjellerrestauranten. Jeg bestiller calzone og en halv karaffel med husets hvitvin. Vinen er så som så, men karaffelen er stor til å være halv. Desserten er knallhard vaniljeis servert i skallet fra en kokosnøtt. Den raskt stigende promillen gjør at jeg koser meg fyrstelig til tross for at jeg må meisle ut isen bit for bit. Jeg tenker på hvor heldig jeg var som ble *forsinket* slik at jeg fikk oppleve å se San Francesco-basilikaen belyst i mørket. Men kanskje best av alt er roen jeg kjenner i kroppen og den absolutte følelsen av velvære.

Etappe 6: Assisi–Roma

Jeg våkner tidlig og føler meg uvel. Allikevel vet jeg at jeg ikke er ordentlig syk. For *jeg fikk en liten smak av rus i går* og nå trenger jeg noen timer til på puten. Men det går ikke. Å sykle Giro d'Italia forplikter. *Alt kan repareres*, sang Jokke. Jeg bestemmer meg derfor for å ta en spasertur før frokosten. Og nok en gang tenker jeg på Fausto Coppi og Gino Bartali.

Før sykkelklassikeren Milan-San Remo i 1947[18] bodde de to rivalene på samme hotell. Coppi skulle som vanlig gå tidlig til sengs, men var bekymret for formen sin. Han la derfor en slu plan for å øke seiersmulighetene sine. Lagkameratene ble bedt om å invitere Bartali med ut på byen og holde ham våken så lenge som overhodet mulig. Siden rittet skulle starte grytidlig neste morgen antok Coppi at en søvnløs natt ville svekke Bartali fysisk og ødelegge vinnersjansene hans i det 285 kilometer lange rittet. Først midt på natten var natteranglerne tilbake på hotellet. Det var derfor en fornøyd Coppi som stilte til start noen timer senere. Men planen feilet. For Bartali var vant med å være lenge oppe og røyke, mens Coppi sine lagkamerater ikke var det. Én etter én brøt de rittet. Også Coppi måtte bryte, mens Bartali etter en lang dag på sykkelsetet med regn, sludd og sølete veier, tok en overbevisende seier 4 minutter foran nestemann.

Allerede klokken halv åtte sjekker jeg ut av hotellet. Den neste timen triller jeg sykkelen på kryss og tvers av den idylliske og særdeles godt bevarte middelalderbyen. Assisi ligger på en høyde ved foten av Monte Subasio. Jeg nyter utsikten utover det grønne, dyrkede landskapet og opplevelsen det er å vandre rundt i de trange gatene før turistene kommer. Jeg møter et par nonner og det får meg til å tenke på den viktige religiøse betydningen[35] byen har. For tidlig på 1200-tallet startet Frans av Assisi den asketiske fransiskanerordenen her i protest mot den katolske kirken sin velstand og overforbruk. Og hvert år valfarter tusenvis av kristne pilegrimer hit hvor Den Hellige Frans av Assisi er gravlagt i San Francesco-basilikaen.

Jeg har fortsatt den særegne roen i kropp og sjel når jeg begynner stigningen opp fjellet Monte Subasio. Halvveis opp i bakken står 15-20 pilegrimer i veikanten ved klosteret Eremo delle Carceri. De stirrer tomt ut i luften og registrerer knapt at jeg kjemper meg forbi. Jeg er opptatt med mitt og de med sitt. Det er ingen biler og jeg hører fuglene kvitre når jeg klatrer videre oppover fjellet. Jeg føler meg ikke lenger uvel, men frisk og opplagt.

San Francesco-basilikaen.

Et par uker før jeg la ut på giroen var jeg på biblioteket og leste gamle aviser. Igjen tenker jeg på Gino Bartali og om gudstro øker vinnersjansene i sykkelsporten og idretten generelt. For det var akkurat dette spørsmålet som ble forsøkt besvart i Dagbladet den 17. juni 1950 i epistelen *Tro og pedaler*:

Roma: En leser av et katolsk ukeblad har skrevet til redaksjonen og spurt om man kan betrakte de resultater som den berømte sykkelrytteren Gino Bartali oppnår, som en følge av hans tro og hans sterke tilknytning til kirken. Bladet svarte: «Når opptrer Bartali som champion, og når opptrer han som en god kristen? Hvor begynner den første virksomheten, og hvor slutter den annen? Det å være kristen er en tilstand som er altomfattende, total. Vi er ikke bare kristne når vi går i kirken, til messen eller skrifter. Bartali er et eksempel på dette. Han er gjennomtrengt av den kristne ånd i sitt yrke. Man kan ikke atskille de to virksomheter: ved å seire gjør Bartali ære på sin tro».

For meg er svaret som ukebladet ga nesten mer forvirrende enn avklarende. Språkbruken er også litt rar siden man refererer til det å være en god kristen som en virksomhet. Jeg funderer også på den siste setningen: *ved å seire gjør Bartali ære på sin tro*. Hva da med alle rytterne som ikke vinner? Er det fordi de er mindre gjennomtrengt av den kristne ånd? Og kan man da som sykkelrytter oppnå bedre resultater ved å redusere antall timer på sykkelsetet mot å øke antall timer på kirkebenken? Tankerekken brytes idet jeg passerer toppen av Monte Subasio. For den påfølgende nedoverbakken på dårlig underlag krever all min oppmerksomhet. Vel nede i San Vitale fortsetter jeg på en vei som går sørover langs motorveien helt til den vakre middelalderbyen Spello.

Like før Spoleto slår veien min seg sammen med motorveien og jeg blir møtt av et sykkel forbudt skilt. Jeg må gjøre retrett og sykle tilbake fem-seks kilometer før jeg finner en ny vei. Utfordringen med å finne riktig vei videre til Roma fortsetter når jeg kommer til Spoleto. I stedet for å gi opp bestemmer jeg meg for å sykle videre på måfå. Jeg forserer en styggbratt bakke opp til Collerisana. Så ser jeg et skilt med *Acquasparta* og bestemmer meg for å sykle dit uavhengig av om det tar meg nærmere Roma eller ikke. For navnet Acquasparta er så velklingende at stedet bare må utforskes. Trafikken avtar og jeg innser at jeg nok er den eneste som er på vei dit denne ettermiddagen. Landskapet er kupert, vakkert og fredfylt. Acquasparta derimot er ikke mye å skrive hjem om, men kanskje er det min egen feil som ikke sykler helt inn til sentrum. I stedet fortsetter jeg sørover med godt mot.

Like etter Terni skjer det samme som har skjedd så altfor ofte før i giroen. Uten forvarsel forvandles veien til motorvei. Igjen må jeg gjøre retrett. Den nye veien er stusslig og jeg innser raskt at jeg befinner meg langt utenfor allfarvei. Ingen biler, ingen hus. Akkurat nå er det ingenting som tyder på at alle veier leder til Rom. Så ser jeg et skilt; et stedsnavn; Treie. Og like etter kommer jeg til et veikryss med en kafé hvor jeg kjøper mat og vann. Jeg setter meg utenfor kaféen og funderer på om jeg skal ta til høyre eller venstre. Svar får jeg først når det kommer en bil og jeg spør føreren om råd. Mannen peker mot venstre. Jeg følger instruksjonene og tråkker videre. Klokken kvart over fem øyner jeg håp. Jeg har kommet inn på en flott vei med navnet SS2. Milepælen i veikanten viser 77 kilometer og teller nedover. Jeg fornemmer at denne veien må være *Via Flaminia* og at den vil ta meg helt til Roma. Med ett føler jeg meg i storslag og på smarttelefonen synger Aloe Blacc ganske så passende:

Somewhere I heard that life is a test. I been through the worst but I still give my best
Well you can tell everybody. I'm the man, I'm the man, I'm the man

Roma er innenfor rekkevidde og jeg har fått tilbake troen på meg selv. Det er som et godt gammeldags skøyteløp hvor jeg sekunderes mot rundetidskjemaet. Skjemaet mitt består av 76 milepæler hvor hver og en av dem markerer at jeg kommer én kilometer nærmere Roma. For hver time må jeg passere 20 milepæler. Klarer jeg det vil jeg være i Roma klokken ni. Landskapet er flott og et kort strekk går veien på en åskam med utsikt til begge sider. Ved milepæl 23 kan jeg se Roma foran meg. Storbyen brer seg utover slettelandet og er fryktinngytende stor, men jeg lar meg ikke skremme. Ikke denne kvelden. Trafikken øker i intensitet og veien brer seg ut til tre felt i hver kjøreretning. Jeg er full av adrenalin og blir dratt med i strømmen mot sentrum. Det er en heftig opplevelse. Men byen er for stor, jeg for liten og mørket for mørkt.

Når jeg kommer til Vatikanet mister jeg all retningssans. For når jeg tror at jeg sykler videre innover mot sentrum, så sykler jeg i realiteten motsatt vei, bort fra Roma. Det er derfor ikke rart at jeg sliter med å finne hotell. Til slutt finner jeg tilbake til Vatikanet og stopper ved en pizzarestaurant og spør om råd. Innehaveren peker 50 meter nedover gaten hvor jeg får øye på et lysskilt med *Residence Candia*. Som takk for hjelpen avsluttes kvelden med pizza og husets vin. Det er overraskende mange mennesker samlet på den åpne plassen foran restauranten. De står i små klynger og praten ser ut til å gå lett. Dette er Italia slik jeg hadde forestilt meg på forhånd.

Etappe 7: Napoli–Pompeii

Det er fredag og jeg våkner uthvilt til det som skal være giroens første hviledag. For regelverket til det internasjonale sykkelforbundet er strengt og slår fast at det i tre-ukers sykkelritt skal være minst to hviledager. Og hva kan da være bedre enn å ta den første hviledagen her i Roma? Jeg må tenke en god stund før jeg finner svaret. For det er faktisk noe som er bedre enn hvile; å følge sine innerste drømmer. Og for meg er drømmen å kopiere de tøffe giroene i 1988 og 1989 hvor man ikke hadde én eneste hviledag.[2]

Selv om man har drømmer er det ingen grunn til å bli trangsynt. For når man er alene om å bestemme reglene har man lov til grådig si *ja takk, begge deler*; sightseeing i Roma om formiddagen og sykling om ettermiddagen. Planen er å følge ruten jeg komponerte kvelden før med de severdighetene i Roma som lokker meg mest. Jeg begynner med den storslåtte Petersplassen foran Peterskirken i Vatikanet. Dimensjonene og detaljrikdommen er så imponerende at jeg nesten ikke trenger se noe mer av Roma for å være fornøyd. Turen går allikevel videre til den gamle borgen Castel Sant'Angelo, før jeg krysser elven Tiber på den vakre broen Ponte Sant'Angelo. Så fortsetter jeg langs elven til Piazza del Popolo med tvillingkirkene Santa Maria in Montesanto og Santa Maria dei Miracoli. Antall turister øker og det begynner å bli vel varmt for en gående turist leiende på en sykkel. Jeg klarer derfor ikke helt å glede meg over den 138 trinn lange Spansketrappen og den berømte Trevifontenen. Bevisst har jeg spart Colosseum til slutt, men får bare bekreftet det jeg allerede vet – at jeg er mett på Roma og klar for nye sykkelopplevelser. Klokken er så vidt passert tolv når jeg vender nesen mot togstasjonen.

Jeg ankommer togstasjonen to minutter før ekspresstoget til Napoli skal gå. Taimingen kunne ikke vært bedre, men det viser seg å være forgjeves. For konduktøren nekter meg å være med på toget siden sykkelen ikke er pakket i sykkelkoffert. Slukøret må jeg derfor stille meg bakerst i den lange billettkøen for å kjøpe billett til det neste lokaltoget som har avgang om halvannen time. Jeg har ikke stått mange sekunder i køen før en mann kommer bort til meg og spør på engelsk om han skal hjelpe meg med å kjøpe billett på billettautomaten. Riktignok ser han ikke ut som en typisk jernbaneansatt, men godtroende som jeg er blir jeg med ham bort til billettautomaten. Jeg forteller at jeg ble nektet å være med på ekspresstoget på grunn av sykkelen, men han slår bare ut med armene og sier noen gloser på italiensk som jeg ikke forstår. Fem minutter senere har han fikset billetter til det neste ekspresstoget både til meg og sykkelen. Jeg takker høflig for hjelpen, men den italienske hjelperen blir stående og se bedende på meg.

Broen Ponte Sant'Angelo og kuppelen på Peterskirken.

Colosseum.

Så peker han på magen og antyder at en øl ville smakt mye bedre enn fagre ord. I samme øyeblikk går det opp for meg hvorfor det heter *drikkepenger*. At jeg kunne være så dum. Litt flau finner jeg frem noen euro og oppfyller min del av den sosiale norm for skikk og bruk ved mottak av små tjenester fra fremmede.

Det er ikke noen vogn for sykler på ekspresstoget. Jeg blir derfor sittende på gulvet ved den ene døren hele turen til Napoli. Tankene vandrer bakover i giro-historien.[4] Siden det alltid er en fare for at historien gjentar seg er jeg glad for at jeg har tatt lærdom av historien og ikke sykler akkurat denne strekningen. For i 1911 ble rytterne pepret med tomater da de kom syklende inn til Napoli. Og enda verre var det i 1996 da de utenlandske rytterne fikk kastet illeluktende søppel over seg fra balkongene i de trange gatene. Når jeg stiger av toget på sentralstasjonen er det med en viss uro i kroppen. Jeg tenker på utrykket *Se Napoli og dø* og at jeg som sårbar syklist nå skal gi meg i kast med denne byen som er viden kjent for sitt trafikkaos. Men heldigvis har ikke uttrykket noe med trafikken å gjøre. For et par hundre år siden var Napoli en av de flotteste og mest velstående byene i Europa. Og på den tiden ble det sagt at hvis man først hadde vært her så kunne man like gjerne dø siden man aldri ville få oppleve noe som kunne måle seg med synet av denne byen.[36] Mye har skjedd med Napoli og verden forøvrig siden den gang. Bygningene i sentrum frembringer ikke lenger noe ønske om å dø etter å ha vært her. Veidekket derimot, er spesielt. Det består av noen sorte steiner som er større og mer ujevne enn de verste brosteinene jeg noen gang har syklet på. Heldigvis står trafikken nesten helt i ro og jeg klarer derfor å gli fint inn i trafikkbildet der jeg snirkler meg ut av Napoli, slag for slag. Det er mye tut og lite kjør. Allikevel er det ingen tvil om at napolitanerne er fantastisk dyktige sjåfører. De overgår alt jeg noen gang har sett innen grenene aggressiv fletting, feltskift etter innfallsmetoden og rygging ut på tett trafikkert vei. På en bisarr måte synes jeg at det er vakkert. I Norge ville vi sagt at det var kaos i systemet, men her i Napoli er jeg sikker på at det finnes et slags system i kaoset. Det er først når jeg nærmer meg utkanten av Napoli at jeg igjen begynner å studere omgivelsene. Her har mange av husene slitte fasader hvor murpussen har glidd i bakken. Og klærne henger til tørk på balkongene akkurat som jeg husker det fra gamle italienske filmer. Men det som gjør mest inntrykk er de mange søppelhaugene langs veien.

Millionbyen Napoli ligger på en smal kyststripe mellom Middelhavet og vulkanen Vesuv; kjent for utbruddet i år 79[37] som utslettet Pompeii. I giro-sammenheng er Vesuv interessant fordi toppen av vulkanen var mål for etapper i 1959, 1990 og 2009.[2] Oppglødd svinger jeg derfor av til venstre i Portici og fortsetter opp en lang, rett bybakke til San Vito. Derfra er det 10,4 kilometer med 8,2 % gjennomsnittlig stigning[8] til toppen av vulkanen. Veien veksler mellom rette strekk og hårnålssvinger. Selv om jeg ikke er botaniker eller geolog, så merker jeg at trærne, buskevekstene og steinene er annerledes her enn på andre fjell. Det er noe særegent ved å sykle i det rue, grønne landskapet med lavasteiner i veikanten og tenke på at jeg faktisk er i ferd med å sykle opp den eneste aktive vulkanen i fastlandseuropa. Kilometerne er dryge, men jeg finner inspirasjon i merkene på asfalten som angir hvor mange kilometer det er igjen til toppen. Og ikke minst i ti moderne skulpturer langs veien som både sjokkerer og får frem smilet. Når jeg kommer til toppen 1030 meter over havet skjønner jeg med en gang at noe er galt; at dette er en blindvei. Veien videre på kartet mitt til Pompeii viser seg å være en tursti og jeg må derfor sykle ned samme vei som jeg kom. Den storslåtte utsikten nedover mot Napoli og Middelhavet gjør at ergrelsen fort blir snudd til fornøyelse. Og kanskje best av alt; jeg får sjansen til å leke meg med selvutløserfunksjonen på kameraet idet jeg passerer de forseggjorte skulpturene. Siden Napoli har et røft og slitt rykte er det bare rett og rimelig at noen har stjålet den ene brystvorten på skulpturen *Totem*.[38]

Skulpturen Totem av portugisiske Dimas Macedo.

Veien videre østover fra Portici fortsetter på de samme sorte steinene som i Napoli. Det går sakte. Og jeg humper opp og ned. Etter hvert begynner jeg å bli sliten i høyre hånd som jeg hele tiden holder over den løse styrevesken for å hindre at den faller av. Gjennom Ercolano og Torre del Greco står trafikken nesten helt stille. Jeg finner min plass i køen og koser meg. For med den lave farten får jeg virkelig sett meg om. Det er et yrende folkeliv i gatene; helt annerledes enn i Norge. Men på samme tid er det vemodig å se så mange menn stå og henge tilsynelatende uvirksomme i små klynger.

De store kontrastene i Italia mellom det rike nord og det fattige sør gjenspeiler seg også i idretten. For av de 41 italienerne[2] som har vunnet Giro d'Italia er kun to av dem fra Sør-Italia; Danilo Di Luca og Vincenzo Nibali. Tilsvarende har kampen om seriemesterskapet i fotball stort sett stått mellom de velstående klubbene i nord, med unntak av de få sesongene lagene fra Roma har blandet seg inn i gullstriden. Men så, i perioden 1984 til 1991,[39] klarte et lag fra Sør-Italia for første gang å utfordre de rike nord-italienske klubbene. Etter å ha senket England ved hjelp av Guds hånd under fotball-VM i 1986 førte Diego Maradona det lyseblå Napoli-laget til klubbens første seriemesterskap i 1986/87-sesongen. Igjen tenker jeg på dette med gudstro i idretten. For selv om Maradona fikk hjelp av Guds hånd har jeg vanskelig for å tro at han var *mer gjennomtrengt av den kristne ånd* enn de italienske spillerne på motstanderlagene. Eller kanskje var det nettopp det han var. For det faktum at han førte Napoli til sitt første seriemesterskap fikk mange til å se på ham som en slags *frelser*. Det er vanskelig å forestille seg hvor mye det må ha betydd for napolitanerne endelig å slå rivalene i nord. Kanskje det nærmeste man kommer er ordene på bannerne tilskuerne heiste på hjemmekampene: *Solens barn tar mesterskapet fra kuldens barn.*[39] Tre år senere, i sesongen 1989/90, kunne napolitanerne igjen slippe jubelen løs for Napoli sitt andre, og foreløpig siste, seriemesterskap.

Klokken kvart over åtte sjekker jeg inn på det koselige Hotel Degli Amici like ved utgravingsområdet i Pompeii. Kvelden avsluttes på en flott hagerestaurant like ved. Menyvalget er enkelt; en hamburger med navnet Vesuvio. *Hviledagen* er over.

Etappe 8: Pompeii–Avellino

I år 79 ble Pompeii begravd av aske fra det kraftige utbruddet til vulkanen Vesuv.[37] Først i 1748 ble byen gjenoppdaget og fra 1861[40] frem til i dag har arkeologer nitidig gravd frem byen som ligger konservert under askelaget. Utgravingsområdet står på UNESCO sin verdensarvliste[41] og besøkes årlig av mer enn to millioner turister.[42]

Etter å ha startet dagen med en enkel frokost går jeg raskt og målrettet på sykkelsko langs gjerdet ved utgravingsområdet helt til østporten Porta di Nocera. Presis klokken halv ni er jeg fremme og får oppleve et øyeblikk sann barnslig glede ved at jeg blir første mann inn porten. Første stopp er ved amfiteateret som ble bygget 80 år før Kristi fødsel. Nølende går jeg gjennom den mørke tunnelen og videre helt inn til midten. Så puster jeg dypt inn før jeg snur meg sakte rundt 360 grader. Øynene er lukket og jeg dras 2000 år tilbake i tid til gladiatorkamp. Tribunene er overfylte med forventningsfulle tilskuere som roper *blod, blod, blod*. Utfallet er gitt på forhånd. For hvordan skal jeg, en syklist uten sykkel, kunne beseire en sulteforet løve? Uroen brer seg i kroppen, men når jeg åpner øynene er jeg fremdeles her alene. Hjernen er imidlertid blitt igjen i gladiatorenes dager og fantaserer fritt om hva som vil skje de barbariske sekundene etter at løven slippes løs. Og selv om solen skinner koser jeg meg ikke lenger. Det finnes bare en utvei – å finne veien ut.

Det er en selsom opplevelse å vandre gjennom de lange snorrette gatene med hus tett i tett på begge sider. Etter hvert begynner jeg å tenke på hva som skal til for at noe blir en turistattraksjon og hva folk faktisk får igjen for å besøke dem. For det er egentlig rart at et av historiens verste katastrofeområder to tusen år senere er blitt til en av verdens mest kjente turistattraksjoner. Å være her er som å være på en tidsreise. For Pompeii ble ikke oversvømt av lava, men dekket av et askelag som forseglet byen slik den var anno år 79. Det er nettopp det som er så unikt med Pompeii og gjør byen verdt besøket. Mens jeg vandrer nordover på utgravingsområdet til Porta del Vesuvio merker jeg at den umiddelbare ekstasen gradvis forsvinner. Om det skyldes den stekende solen vet jeg ikke, men Pompeii blir mer og mer ensformig. Jeg tenker at nok får være nok. På vei sørover til Porta Marina endres alt og selv ikke jeg kan unngå å bli mektig imponert. De høyreiste portalene, templene og basilikaen overgår alt annet på utgravingsområdet. Og når jeg går ut gjennom porten er jeg sikker i min sak. Pompeii er et unikt tidsbilde fra en svunnet tid.

Pompeii anno år 79.

Tilbake på hotellet tar jeg meg en pust i bakken før jeg klokken halv elleve setter meg på sykkelen. Og endelig har jeg funnet svaret på hvordan problemet med den løse styrevesken skal løses. Vesken har to korte stropper som akkurat er elastiske nok til at jeg klarer å strekke dem over styret slik at vesken sitter bom fast. Trafikken er tett ut av Pompeii og videre gjennom Castellammare di Stabia, noe som gir meg god tid til å studere de slitte fasadene på husene. Det er et trist syn, og igjen tenker jeg på Diego Maradona, fraværet av Guds hånd og de store forskjellene mellom nord og sør.

I Castellammare di Stabia er jeg uoppmerksom idet jeg skal sykle over et gammelt jernbanespor. Jeg sykler for mye i lengderetningen og hekter derfor framhjulet fast i sporet. Sykkelen får en kraftig sleng, men på mirakuløst vis klarer jeg å klikke meg ut av pedalene og lande med begge bena støtt på bakken. Italienerne ser rart på meg. Jeg smiler litt brydd tilbake, for det ville vært utilgivelig om jeg måtte bryte rittet etter å ha blitt felt av et jernbanespor. Jeg fortsetter langs kysten til Vico Equense hvor det blir bråstopp utenfor en tunnel. For ved tunnelåpningen er det satt opp fire runde skilt; tre med rød forbudskant og ett uten. Det er som en oppgave i TV-programmet *Nytt på nytt*.

Castellammare di Stabia.

Denne gangen handler det imidlertid ikke om hvem som skal ut, men hvem som skal inn. Det er ikke de gående. Heller ikke de med hest og kjerre. Det tredje skiltet er vanskeligere å tyde, men ligner på en mann som skyver en gammeldags plog. Når alt kommer til alt spiller det ingen rolle så lenge det er skiltet med sykkel som er uten rød forbudskant. Allikevel er jeg skeptisk. For skiltet er falmet og jeg undrer på om solen kan ha hvisket ut rødfargen til hvitt. Jeg tar på meg refleksvesten og skrider til verket. Heldigvis er fartsgrensen i den to kilometer lange tunnelen bare 40 km/t. Den er derfor langt mindre skummel enn alle skiltene skulle tilsi.

Positano.

Trafikken avtar og en halv time senere triller jeg forventningsfull inn i vakre Positano helt vest på Amalfikysten. Byen er anlagt i munningen av en kløft med hvite og pastellfargede murhus tett i tett oppover den bratte fjellsiden. Jeg skjønner fort at det ikke er uten grunn at Amalfikysten med sine dramatiske klipper, fjell og dalsøkk er oppført på UNESCO sin verdensarvliste.[43] Nede ved havet ligger flere idylliske småbyer. Og mellom disse går veien kupert opp og ned fjellsiden for å forsere de mange klippene og kløftene. Utsikten er spektakulær og det er en sann fryd å sykle her. Spesielt på de partiene hvor veien nærmest er hugget ut i fjellet. Omtrent midtveis mellom Positano i vest og Salerno i øst kommer jeg til Amalfi, byen som har gitt denne kysten sitt navn. Og akkurat som Positano ligger byen helt nede ved havet i munningen av en kløft. Det er egentlig rart hvordan det kan være så vakkert og velholdt her *like sør for Napoli.* Kanskje er det tunnelen som er det magiske skillet.

Amalfi.

I Salerno tykner skydekket til og jeg forbereder meg på regn. Og regn får jeg, uten at det legger noen demper på sykkelgleden. For litt lenger fremme venter blå himmel. Jeg fortsetter langs kysten sør for Salerno i solskinn. Etter ti kilometer på helt flat vei fortsetter jeg innover i landet. I firetiden tar jeg en sen lunsj i Pontecagnano, men så skjer det fatale at jeg sykler feil. Det går en halv time før jeg oppdager det, men lite lysten på å snu fortsetter jeg innover i landet. I Faiano får jeg øye på en familiefar idet han setter seg inn i bilen sin. Jeg skynder meg bort for å spørre om veien videre til Giffoni Valle Piana. Familiefaren er brydd og lite behjelpelig, men en av sønnene i baksetet som ikke kan være mer enn ti år gammel, lyser opp som en sol og oversetter spørsmålet til faren. Glad og fornøyd kan gullgutten melde tilbake at jeg skal rett frem. Utsiktene er heller dystre for skiltet foran meg viser at bakken gjennom Faiano har 15 % stigning. Det går ikke lenge før jeg er helt alene på veien. Landskapet er svært kupert og jeg begynner å tvile mer og mer på om dette virkelig kan være rett. Men kvart over fem er jeg endelig fremme i Giffoni Valle Piana. I samme øyeblikk åpner himmelen alle sluser og det begynner å høije ned. Jeg søker ly under markisene til en liten kafé. Ved siden av meg står to eldre menn og småprater. Det går ikke lenge før de inkluderer meg i praten. Utfordringen er at jeg ikke kan italiensk og de ikke kan engelsk, men akkurat det ser ikke ut til å være noe hinder for dem. *Vi* prater og prater og prater. Jeg vet ikke helt hvor jeg skal gjøre av meg for alt jeg kan gi tilbake er mitt beste smil. Forfatteren i meg begynner å forskuttere hva som vil skje denne kvelden. Den iherdige syklisten må nok gi seg på grunn av været og innlosjere seg for natten her i Giffoni Valle Piana. Stedet har trolig ikke noe hotell, så han må rett og slett bli med en av de to nye kompisene hjem. Og vel hjemme vil den gamle mannen og kona hans ta imot den langveisfarende syklisten med åpne armer som om han var sønnen deres. Jeg river meg løs fra tankene og går inn på kaféen og kjøper en is. Også det er en selsom affære. Jeg føler meg som et fremmedelement - en som ikke hører til her. Når jeg kommer ut av kaféen forstår jeg på de to kompisene mine at det vil fortsette å regne en god stund til. Jeg tenker på Giro d'Italia 1914 hvor Avellino var målby for den fjerde etappen. Det vil derfor være ergerlig om jeg skulle mislykkes i å ta meg dit i kveld. Jeg tar på meg regnjakken og husker med ett at jeg har et hemmelig våpen i ryggsekken - smarttelefonen med den spesiallagte spillelisten med regnværssanger. En halv time i Giffoni Valle Piana får være nok. Jeg sier *arrivederci* til de to gamle mennene og stiger motvillig på sykkelen. Det er 40 kilometer til Avellino og tre timer til det blir mørkt. Foran meg er et høyt fjell som jeg må komme meg over, men jeg vet verken hvor bratt det er eller hvor langt det er til toppen. Jeg trykker *play* på smarttelefonen og til lyden av heftige gitarriff fra U2 tråkker jeg av gårde.

When you stop seeing beauty, you start growing old. The lines on your face, are a map to your soul
When you stop taking chances, you'll stay where you sit. You won't live any longer, but it'll feel like it
I lost myself in the summer rain. I lost myself. I lost myself in the summer rain. In the summer rain

Jeg føler meg fortapt, men de inspirerende ordene til Bono gir meg nytt mot. For hvis jeg ikke våger å ta sjansen, så vil jeg bli stående her hele kvelden. Og det er ikke det som er *å leve livet*. Når Eric Clapton noen sanger senere stemmer i refrenget *Let it rain* så synger jeg med. Det er som om universets hersker, om han nå finnes, forsøker å teste meg. Det hele er så surrealistisk regissert at jeg ikke kan annet enn å trekke på smilebåndet. Naturen i Parco regionale Monti Picentini er frodig med tett skog. Det går stadig oppover og utsikten bakover mot kysten blir mer og mer berusende. Like før toppen synger Phil Collins *I wish it would rain down*, men akkurat da gir regnet seg.

Parco regionale Monti Picentini.

Utsikten på toppen drøye 900 meter over havet er verdt alt slitet. Nedfarten til Sala er derimot en kjølig affære. Jeg hutrer og er bekymret for å rote meg bort igjen. Kartet er for grovt og jeg spør derfor nesten alle jeg møter om veien videre til Avellino. Igjen viser det seg at engelskkunnskapene til italienerne ikke er allverden, men de er likevel svært behjelpelige. Spesielt pensjonistene strekker seg langt. Oppvokst på fascistenes tid kan de tysk og jeg forstår *rechts und links*. Proppfull av energi tråkler jeg meg gjennom landsbygda og i skumringen triller jeg fornøyd inn i Avellino. Jeg sjekker inn på Viva! Hotel og avslutter kvelden i den fullpakkede pizzarestauranten i kjelleren. Pizzaen er like fantastisk som Amalfikysten og i glasset får jeg frisk musserende hvitvin. Jeg er ikke i tvil om at dette må være bedre enn hjemmekos hos pensjonistene i Giffoni Valle Piana.

Etappe 9: Brindisi–Bari

Åtte dager på sykkelsetet begynner å sette sine spor. Ikke fysisk, men psykisk. For når jeg våkner kjenner jeg en sterk aversjon mot å slite meg gjennom dagens 240 kilometer lange etappe fra Avellino til Bari. Det er ikke antall kilometer som tar motet fra meg, men streken på kartet mitt som altfor ofte går på veier jeg mistenker å være motorvei forbudt for syklister. Lite lysten på enda en dag med feilsykling og kamp mot mørket bestemmer jeg meg for å finne en ny startby. Utfordringen er at det er søndag og sparsomt med tog ut av Avellino.

Ny startby for etappen blir Brindisi. For å komme meg dit må jeg først ta lokaltoget til Benevento og så ekspresstoget videre. På togstasjonen i Avellino er det imidlertid kun mulig å kjøpe billett til meg selv og ikke til sykkelen på ekspresstoget. Innerst inne vet jeg at det betyr trøbbel, men jeg skyver bekymringene til side og tar det gamle, skranglete lokaltoget til Benevento. Jeg bruker ventetiden på ti minutter godt. Først måler jeg opp plattformen med øynene. Så legger jeg en plan. Teorien er at dersom jeg ikke blir nektet å gå ombord i toget og heller ikke blir kastet av før det forlater perrongen, så vil dette gå bra. Når toget suser inn på perrongen gjemmer jeg meg derfor bak en stor informasjonstavle. Jeg orienterer meg raskt om hvilken vogn konduktøren kommer ut av og smetter inn i en annen vogn. Siden toget ikke er tilrettelagt for sykler blir jeg stående ved døren og vente. Sekundene går sakte, men så settes toget i bevegelse. Jeg opplever et øyeblikk av barnslig glede over at jeg som nordmann ikke lar meg stoppe av de firkantede italienske reglene. Det går ikke mange minuttene før konduktøren kommer og han er alt annet enn blid. Siden sykkelen er døvstum er det meg sinnet går utover. Utskjellingen foregår på italiensk, men jeg skjønner såpass at jeg må ta av framhjulet, senke setet og vri styret slik andre passasjerer lettere kan komme forbi. Merkelig nok føler jeg ingen form for triumf når konduktøren motvillig utsteder billett for sykkelen. Tvert imot føler jeg meg som en hoven norsk turist i utlandet. For selv om jeg utmerket godt vet at det ikke er lov å ta med sykkelen på toget, så durte jeg frem som jeg eide verden. I Bari er det konduktørskifte og den nye konduktøren er enda sintere enn den første. Selvsikker ber han om å få se billetten, men haster slukøret av sted når jeg kan fremvise billett for sykkelen som til alt overmål er utstedt av kollegaen hans.

Klokken ti over ett stiger jeg av toget i Brindisi på hælen av den italienske støvelen. Selv om byen forøvrig virker litt slitt er havnepromenaden flott anlagt. Jeg har ikke noe kart for dagens 130 kilometer lange etappe, men regner med at det bare er å følge kystlinjen nordover til Bari. I utkanten av Brindisi blir jeg imidlertid stoppet av et sykkel forbudt

Olivenlunder.

skilt. Veien langs kysten har status som motorvei og jeg må derfor fortsette innover i landet. Landskapet er helt flatt med vinåkere og olivenlunder, men sant å si er det er ikke spesielt vakkert her. En selvransakende tanke streifer meg. Er jeg en overfladisk person siden jeg ønsker at det skal være vakkert på de stedene jeg sykler? Spørsmålet er utvilsomt interessant, men trolig for stort til å løses på sykkelsetet hvor det gjelder å dyrke positive tanker. I Ostuni kommer jeg til et veikryss med to veier som begge leder til Bari. Jeg er usikker på hvilken jeg skal velge og spør derfor noen ungdommer på en kafé om råd. De har delte meninger om saken, men en av dem peker på veien som

Trullier.

går innover i landet og sier *Montana Bella*. Og selv om jeg ikke kan et eneste ord på italiensk, så gjetter jeg at det må bety *vakre fjell*. Om det er et bevis for at jeg faktisk er overfladisk vet jeg ikke, men jeg velger fjellene. Landskapet endrer karakter og blir mer kupert. Og ja, det er vakkert her. Etter hvert får jeg øye på noen små, runde hvitkalkede hus med spisse steintak. Jeg tenker på filmene om *Ringenes Herre* og at her ville hobbitene likt å bo. Jeg lurer på hvorfor husene er laget på denne måten, men finner ikke noe godt svar. Det jeg ikke vet er at husene kalles for trullier og står på UNESCO sin verdensarvliste.[44] De er bygget stein på stein uten mørtel, noe som var en stor fordel på 1700-tallet da kongen av Napoli sendte skatteinspektører hit for å kreve inn boligskatt. De fattige huseierne kunne da bare rive huset sitt over ende for en steinhaug kunne ikke beskattes.[44] Allikevel stiller jeg meg undrende til denne historien. For selv om de hadde materialene så må det ha gått med en del arbeidstimer i gjennombyggingen etter at skatteinspektørene dro. Når jeg kommer til byen Alberobello blir jeg overrasket over at en hel by tilsynelatende kan bestå av slike hus.

Det er en flott ettermiddag og de siste 60 kilometerne fra Alberobello til Bari forestiller jeg meg at jeg jakter på et brudd. For å vinne må jeg komme til Bari før det blir mørkt. Jeg er full av energi og tråkker tunge gir mens jeg tenker på de mange likhetene mellom mafiaen og sykkelsporten. På samme måte som en mafiaorganisasjon[45] ledes av en mafiaboss, ledes sykkellagene av en lagkaptein. Under seg har de en organisasjon av hjelpere som ofrer seg for lederen sin. I Italia kaller man hjelperytterne for soldater,[4] akkurat som i mafiaverdenen. Likhetene stopper ikke der. For både innenfor mafiaen og sykkellagene har én av soldatene høyere rang enn de andre. Han er en slags nestkommanderende uten å utfordre sjefen. I sykkelsporten kjenner vi ham som *road captain*.[46] Det er velkjent for de fleste at både mafiaen og sykkelsporten er sterkt forbundet med dop og at begge har en æreskode, *Omertà*. Taushetsløftet innebærer at man aldri skal gjøre innrømmelser om at man har gjort noe galt og heller ikke sladre på andre. Mer overraskende er nok den utbredte bruken av mafiametoder innenfor sykkelsporten; svik og bestikkelser.

Svik. Helt siden *tidenes morgen* har det vært vanlig å gjøre avtaler med andre ryttere i løpet av sykkelritt; enten mot betaling eller hjelp i senere ritt.[18] Den strenge æreskoden gjorde at slike avtaler som regel ble holdt, men ikke alltid. Straffen for å bryte avtaler kunne gi seg mange utslag. Den mest vanlige straffen var at man ble satt under oppsyn og hver gang man forsøkte å gå i brudd ble man innhentet. Enten av soldatene til mafiabossen man hadde forulempet eller av ryttere på andre lag som ønsket å blidgjøre mafiabossen. Og selv om det hører til sjeldenhetene så har også mafiabossene selv brutt avtaler. Under et sykkelløp i Zürich i mai 1946[4] hadde Bartali en dårlig dag. Han inngikk derfor en avtale med Coppi om at han ikke skulle utfordre Coppi i spurten mot at Coppi lot være å rykke fra ham. Men selv ikke en katolikk er til å stole på hvis vinnerinstinktet blir for sterkt. Like før oppløpet bøyde Coppi seg ned for å stramme remmene på tåhettene før spurten. Akkurat da så Bartali sitt snitt til å sette i gang spurten og innkassere seieren.

Bestikkelser. Før den siste etappen i Giro d'Italia 1983 ledet Giuseppe Saronni med 1 minutt og 56 sekunder på rivalen Roberto Visentini.[5] Alt som gjensto var en 40 kilometer lang individuell tempoetappe fra Gorizia til Udine. To dager før etappen ankom en mystisk mann Gorizia. Og da sjefskokken og en av servitørene sto utenfor Saronni sitt hotell og pratet gikk mannen bort til dem. Etter litt snakk om ditt og datt lirte han så av seg et spørsmål om de kunne være interessert i å tjene noen ekstra lire. Oppgaven var enkel. Det eneste de trengte å gjøre var å putte en solid dose avføringsmiddel i maten til Saronni. De to hotellansatte takket ja til tilbudet under forutsetning av at de fikk inkludere en assistent i komplottet. Den mystiske mannen hadde ingen innvendinger og sjefskokken gikk så for å hente den nye medsvorne. Nå som de var tre om oppgaven krevde de på italiensk vis dobbel betaling. Den mystiske mannen innså at han ikke lenger var i posisjon til å forhandle og bladde opp hele beløpet i kontanter. Den nyankomne tok så hånden ned i lommen og tok opp politiskiltet sitt. Arrestasjonen og skandalen var et faktum. For den mystiske mannen viste seg å være en av sponsorene for Visentini sitt lag. Saronni sin seier var imidlertid reddet.

Giro d'italia 1967[4] var en jevn affære og før de to siste etappene hadde franskmannen Jacques Anquetil en knapp ledelse på italienerne Felice Gimondi, Franco Balmamion og Vittorio Adorni. På den nest siste etappen tapte så Anquetil over fire minutter og dermed også rittet til Gimondi. Det var ingen hemmelighet at Anquetil utelukkende syklet for pengenes skyld, og etter løpet ble det hvisket om en koffert full av penger som hadde blitt brukt til å sikre seieren for *den hellige allianse av italienere.* Hvorvidt det hele er oppspinn eller sant vil vi nok aldri få vite. *Omertà.* Man skulle tro at alt dette mafiastyret hørte historien til, men den største og mest fryktfulle mafiabossen innenfor sykkelsporten regjerte faktisk på denne siden av årtusenskiftet. Jeg slår mørket med god margin og sjekker inn på Hotel Costa ved sentralstasjonen i Bari. Hotellet er litt stusslig og det samme er middagen. Jeg garderer meg helt og fullt mot komplottrisikoen for avføringsmiddel i maten ved å velge rask mat uten særpreg.

Etappe 10: Bari–San Severo

Under frokosten studerer jeg kartet for dagens etappe og bestemmer meg for å vie litt ekstra tid til nasjonalparken Gargano. Jeg endrer derfor målby til San Severo og noterer i margen på kartet at kveldstoget derfra til Termoli går klokken halv ni.

På forhånd hadde jeg gruet meg til å sykle ut av storbyen Bari, men det viser seg å gå overraskende lett. Veien videre fortsetter langs havet og er nesten helt flat. Jeg klarer derfor å holde god fart uten å bruke særlig mye krefter. Skiltingen er upåklagelig og tankene går tilbake til spørsmålet om hvor viktig det egentlig er at landskapet og omgivelsene er vakre når man er på tur. Etter hvert konkluderer jeg med at følelsen man har inni seg er vel så viktig. Og i dag er jeg rett og slett lykkelig. Jeg begynner å nynne på en strofe fra en av de mest kjente sangene til DeLillos:

Å sitte på en sykkel og bare være til
Og kjenne solen varme i en luft som er så mild
Det er hva jeg kaller en smak
av honning

Å vite at man ikke har behov for noen ting
Nei bare kjenne gleden for alt som er omkring
Det er hva jeg kaller en smak
av honning

Etter et par repetisjoner er jeg ikke i tvil om at det langtur på sykkel og livet forøvrig egentlig handler om er å få *en smak av honning*. Og at en dag hvor man kjenner seg fin på innsiden er bedre enn en dag hvor man kun ser mye fint omkring seg. Nynningen min skjemmes av en jamrende lyd fra kjedet, men like før Zapponeta passerer jeg et slags skilt som gir meg håp. Det tar meg noen sekunder for mye før jeg blir oppmerksom på det, så jeg må snu og sykle tilbake. Skiltet består av et stort bildekk med en liten sykkel montert på toppen. Og på bildekket er det skrevet med hvite bokstaver *Riparazione gomme*. Selv om jeg ikke forstår hva *gomme* betyr, er *riparazione* og sykkelen ledetråder nok. Jeg sykler derfor bort til den nedslitte bygningen hvor det er malt *Mimmo Bici* med røde bokstaver på den hvite veggen. Jeg innser at jeg faktisk kan ett italiensk ord; *bici* som betyr sykkel. I tillegg til innehaveren er det fire kunder utenfor verkstedet. Jeg peker på kjedet og sier *oil*. Sykkelreparatøren ser spørrende på meg og sier noen gloser på italiensk som jeg tror er et spørsmål om jeg ønsker å bytte kjedet. Jeg rister forskrekket på hodet. Så sier han ordet *spray* og jeg smiler. Sykkelreparatøren gjør tegn til at jeg skal bli med inn på verkstedet. De andre kundene følger etter. Én av kundene kan litt engelsk og spør hvor jeg kommer fra. Jeg tar frem giro-kartet fra sekken og forteller at jeg er fra Norge. Én etter én studerer de nysgjerrig kartet mitt. Når jeg spør hvor mye sykkelreparatøren skal ha i betaling smiler han bare og sier noe som sikkert betyr at det er det minste han kan gjøre for en langveisfarende i nød. Fornøyd sykler jeg videre på den stillegående sykkelen og nynner at *det er hva jeg kaller en smak av honning*.

I Barletta fortsetter jeg på en flott sykkeltrasé langs stranden, men etter en stund snirkler veien seg et lite stykke innover i landet mellom idylliske vinåkere. Det får meg til å tenke på at Italia er det landet i verden hvor det produseres mest vin og at det på verdensbasis produseres over 35 milliarder flasker hvert år.[47] Tallet er så svimlende høyt at det er til å bli ør av. For når jeg deler 35 milliarder flasker vin på 7 milliarder mennesker[48] og trekker fra barn og alle voksne som av ulike årsaker ikke drikker vin, går regnestykket simpelthen ikke opp. Resultatet er at store mengder vin hvert år forblir usolgt og må destrueres. Jammeret fra kjedet erstattes med jammer fra magen. Jeg bestemmer meg derfor for å innta en bedre lunsj på Ristorante Lo Scellerato nede ved havnen i Manfredonia. Klokken er halv tre og restauranten er nesten full. Alle er pent antrukket og jeg føler meg derfor utilpass i sykkelklærne. Måltidet blir ingen stor kulinarisk opplevelse, men jeg trøster meg med at en dorsk kotelett trolig har like høyt næringsinnhold som en saftig kotelett. Regningen er håndskrevet og består av fire beløp; 2 + 8 + 2 + 3. Jeg ser umiddelbart at totalsummen umulig kan bli 18 euro slik servitøren har kommet frem til. Utfordringen er at han kun snakker italiensk. Jeg er derfor usikker på om jeg skal ta meg bryet med å klage på utregningen på regningen. Når jeg skal betale blir det likevel til at jeg peker på sluttsummen og slår ut med armene på italiensk vis som tegn på at jeg ikke forstår. Servitøren tar med seg regningen og blir borte noen minutter. På den korrigerte regningen er 18-tallet overstreket, men i stedet for 15 står det 16 som ny sluttsum. Jeg kan ikke annet enn å le og betaler med en 20-euro-seddel. Overraskelsen er stor når jeg får mine fem rettmessige euro tilbake. Det hele er så fornøyelig at jeg gir to euro i tips hvorpå servitøren takker hjertelig. Fra Manfredonia fortsetter jeg innover i landet mot Gargano nasjonalpark som ligger på en halvøy ut i Adriaterhavet.

Manfredonia ved Adriaterhavet sett fra Gargano nasjonalpark.

Det er inspirerende å sykle mot det bratte fjellet foran meg og jeg tar fatt på stigningen med godt mot. På toppen av fjellet endrer landskapet karakter til grønne, frodige enger. Jeg fortsetter uten stopp til vakre San Giovanni Rotondo 567 meter over havet. Klokken er kvart på seks og jeg kjenner en dyp ro senke seg i kroppen. For jeg vet at jeg ikke vil ha noe som helst problem med å nå San Severo før kveldstoget går. Midt på Piazza degli Olmi står en høyreist statue av munken Padre Pio som, 34 år etter sin død,[49] ble helligkåret av den katolske kirke i 2002. De mange historiene om Padre Pio får meg til å undre meg over hva som gjør at kun noen mennesker blir *gjennomtrengt av den kristne ånd*, og hvorfor selv ikke vitnesbyrd om undere er nok til å få *alle* til å tro. Under den andre verdenskrig returnerte de allierte pilotene gang etter gang skrekkslagene og fortalte at de hadde sett en munk i himmelen som forhindret dem fra å slippe bomber på tyske installasjoner i San Giovanni Rotondo. Oppgitt over dette sludderet bestemte general Bernardo Rosini seg for selv å lede et av angrepene. Da de nærmet seg San Giovanni Rotondo og var klare til å slippe bombene kom den mystiske munken med løftede hender igjen til syne i skyene. Bombene løsnet så av seg selv og falt i skogen uten å detonere. Etter krigen bestemte generalen og noen soldater seg for å besøke klosteret i San Giovanni Rotondo. De gikk inn i sakristiet og så flere munker der, men alle soldatene kjente straks igjen munken de hadde sett i skyene. Padre Pio fikk øye på generalen, gikk bort til ham og sa smilende «*Nå, så det var altså deg som ville bombe oss alle*». Det forundrer meg at giroen min som jeg nitidig har planlagt med utgangspunkt i giro-historien, er i ferd med å bli en slags pilegrimsreise. For det er vanskelig å forstå hvorfor ferden min gjennom Italia skulle ta meg akkurat hit, til dette *avsidesliggende stedet* som årlig besøkes av utrolige 7 millioner pilegrimer.[50]

Det er først når jeg kommer et godt stykke ned den påfølgende ti kilometer lange nedoverbakken at jeg innser hvor mye jeg har klatret på den andre siden av fjellet. Jeg er godt fornøyd med opplevelsene dagen har gitt og klokken halv åtte parkerer jeg sykkelen utenfor stasjonsbygningen i San Severo. Ventetiden går med til å spise en panini. Og jeg må smile når jeg merker det. At til og med paninien i dag har en *smak av honning*. I Termoli sjekker jeg inn på Hotel Corona like ved togstasjonen. Og siden jeg kjenner et sterkt godtesug avsluttes kvelden på en liten familiedrevet iskremkafé hvor jeg koser meg med velsmakende pannekake med pistasjeis.

Padre Pio, San Giovanni Rotondo.

Etappe 11: Termoli–L'Aquila

Det er rart å våkne opp dag etter dag og vite at jeg ikke har noe annet mål for dagen enn å sitte på sykkelen og tråkke bekymringsløst fra A til B. I min lille boble av en sykkelverden fortoner dette enkle livet seg faktisk meningsfylt. Målet for dagen er fjellbyen L'Aquila. Jeg sjekker ut fra hotellet kvart på åtte og legger av sted med friskt mot.

Landskapet er flatt og jeg koser meg nordover langs det blikkstille Adriaterhavet. Etter hvert begynner jeg å se ned på pedalene. Ikke fordi jeg er trøtt, men fordi jeg synes det er interessant å studere tråkket mitt. Opp gjennom årene har sykkeltråkket vært gjenstand for omfattende forskning og det er påvist at langsomme tråkk på tunge gir er energibesparende på lengre distanser.[51] Så langt på turen har jeg stort sett brukt det tyngste giret, men nå begynner jeg å eksperimentere. Det overrasker meg at det beste tråkket faktisk finnes ett eller to gir lavere enn det tyngste. Og troen på at jeg nå har funnet *det optimale tråkket* gir stor sykkelglede. Nord for kystbyen Vasto blir terrenget mer kupert, men jeg klarer å opprettholde den gode flyten. Klokken tolv har jeg allerede tilbakelagt 95 kilometer. Jeg tar meg derfor tid til en velfortjent lunsj på et flott bakeri i Francavilla al Mare, like sør for Pescara. God og mett setter jeg kursen innover i landet mot fjellkjeden Appenninene som strekker seg på langs av Italia. Oversiktskartet viser en blå strek som går fra Pescara via Guardiagrele til L'Aquila. Alt ser ut til å være i sin skjønneste orden når det begynner å gå slakt oppover. Landskapet er frodig og vakkert. Og veien er flott anlagt med broer over dalsøkk og tunneler gjennom fjell. Riktignok ser jeg ingen skilt med L'Aquila, men slår meg til ro med at disse først vil komme etter Guardiagrele. Fokuset mitt er hele tiden på det gode, lette tråkket. Når jeg så får øye på skiltet med *Guardiagrele 576 meter over havet* regner jeg raskt ut at jeg kun har 138 høydemetre igjen til L'Aquila. Det er nesten for godt til å være sant og jeg feirer oppturen med litt mat på en kafé. For sikkerhets skyld spør jeg ekspeditrisen om veien videre til L'Aquila. Spørsmålet blir møtt med flakkende blikk og et kort «Jeg vet ikke». Jeg tar frem detaljkartet og innser umiddelbart at jeg har gjort en kardinalfeil. For stedsprikken som er knyttet til Guardiagrele står faktisk bak stedsnavnet, ikke foran. Jeg befinner meg derfor 12 bokstaver for langt sør og på en vei som ikke leder til L'Aquila. En slags trøst i elendigheten er at dette ikke er første gang man har syklet feil i giro-sammenheng. For på den fjerde etappen fra Pescara til Roma i Giro d'Italia 1912[4] ble rytterne ledet i feil retning da de nærmet seg mål. Og den gang ble feilen først oppdaget 54 kilometer senere. De slitne rytterne ble da så forarget at de stoppet tvert og tok toget til Roma. I Guardiagrele er det ingen togstasjon. Det hjelper heller ikke å synes synd på seg selv.

Jeg må legge feilen bak meg og komme meg videre. Og for å komme meg til L'Aquila må jeg først sykle femten kilometer tilbake den samme veien jeg kom. Heldigvis er disse kilometerne nedoverbakke. Verre er det at klokken nærmer seg tre og at det enda er 110 kilometer igjen til mål. Jeg forsoner meg med at det vil bli en lang kveld. Nedoverbakken tilbake til veikrysset hvor jeg skulle ha svingt av mot L'Aquila går radig unna. Så følger en bratt oppoverbakke til Casalincontrada. Like før Popoli svinger jeg av til høyre og fortsetter gjennom den 477 meter lange tunnelen Monte Castelluccio. Derfra bærer det oppover en bred dal gjennom nasjonalparken Parco nazionale del Gran Sasso e Monti della Laga. Med jevne mellomrom passerer jeg små landsbyer, men det er ingen tvil om at den flotteste av dem alle er idylliske Capestrano høyt oppe i dalen. Veistandarden er prima og når jeg kommer til platået på toppen får jeg en fantastisk kveld videre innover slettelandet mot L'Aquila.

De siste kilometerne før L'Aquila tetter trafikken seg til. Jeg begynner å bli trøtt og må derfor konsentrere meg til det ytterste for å finne den rette veien til byporten Porta Napoli. Sjokket er stort når jeg kommer innenfor. For byen minner mest om en slags spøkelsesby med tomme butikklokaler og stillas på annet hvert bygg. Og gatene er helt folketomme. Jeg stopper ikke før jeg kommer til motsatt ende av byen hvor jeg sjekker inn på Hotel Il Castello. Nysgjerrig spør jeg resepsjonisten om hva som har skjedd, og historien hun kan fortelle er dypt tragisk. For den 6. april 2009 ble L'Aquila rammet av et jordskjelv som målte 6,3 på Richters skala.[52] Bygninger kollapset og 50000 av byens 73000 innbyggere ble hjemløse. Og nå, fem år etter, ser den engang så prektige middelalderbyen fremdeles ut som et katastrofeområde. Det virker nesten som om tiden har stått stille etter jordskjelvet. Et karakteristisk trekk ved menneskets natur er ønsket om å finne noen å legge skylden på. Seks dager før det kraftige jordskjelvet besøkte syv velrenommerte italienske jordskjelveksperter byen. I oktober 2012 ble de dømt til seks år fengsel for uaktsomt drap fordi de undervurderte jordskjelvfaren.[53] Forskere over hele verden raste mot dommen siden det ikke finnes noen sikker måte å forutse jordskjelv. Men det var faktisk noen som klarte det. Våren 2009 studerte biologen Rachel Grant noen padder i nærheten av L'Aquila.[54] Hun forsto lite eller ingenting da nesten alle forskningsobjektene i løpet av noen dager plutselig forsvant fra dammen. Så kom det store jordskjelvet og plutselig forsto hun alt. Paddene må ha forutsett jordskjelvet komme. For ikke bare evakuerte de i tide, men seks dager etter det siste etterskjelvet kom de tilbake til dammen. Kvelden avsluttes på pizzarestauranten Oro Rosso vegg i vegg med hotellet. Selv om pizzaen og hvitvinen smaker upåklagelig er høydepunktet utvilsomt desserten; sjokoladekake fylt med rennende varm sjokolade.

Capestrano.

Etappe 12: L'Aquila–Castelsantangelo

Før frokost tar jeg en kort spasertur bort til den imponerende festningen Il Castello. Den ble bygget av de spanske herskerne på 1500-tallet,[55] men ikke for å forsvare byen. Spanjolene rettet flere av kanonene *mot* byen for å kontrollere den. På vei tilbake til hotellet lar jeg meg fascinere av Fontana Luminosa. Fontenen fra 1934[56] består av to nakne kvinner som bærer vann. Og i motsetning til skulpturen på Vesuv er alle brystvortene intakt. Frokosten gjøres kjapt unna og klokken åtte er jeg klar til å tråkke av gårde.

Starttidspunktet for dagens etappe kunne vært valgt med mer omhu. Jeg havner midt i morgenrushet. Trafikken er tett, men jeg holder hodet kaldt og manøvrerer meg galant ut av L'Aquila. Fortsettelsen går ikke nedover slik jeg hadde forventet, men oppover helt til Sella di Corno 1005 meter over havet. Derfra bærer det nedover på flott vei de neste femten kilometerne til Antrodoco hvor jeg stopper for is og drikke. Klokken halv elleve er jeg fremme i Vazia ved foten av Monte Terminillo. Fjellet er 1895 meter høyt og 1285 høydemetre skal forseres, noe som tilsvarer en gjennomsnittlig stigning på 6,4 %.[8] Før jeg starter på de 20 kilometerne opp til toppen tar jeg meg tid til nok en is og enda mer drikke. I 1937 vant Gino Bartali den individuelle tempoetappen fra Rieti opp til toppen av Monte Terminillo med over ett minutt[4]. Han overtok samtidig ledelsen i sammendraget; en ledelse han holdt helt til rittet var ferdig.

Bakken begynner på skrå oppover langs fjellsiden. Jeg føler meg i godt slag og holder et jevnt tråkk på middels tunge gir. Men så, når jeg nærmer meg første hårnålssving forvandles giroen min uten forvarsel til et mare*ritt*. Jeg hører skritt bak meg. De kommer nærmere, og så skjer det. En tynn mann med joggesko på bena løper forbi meg. Situasjonen er mildt sagt pinlig, og burde strengt tatt ikke nevnes med et eneste ord. Min skjøre sykkelverden er i ferd med å rase sammen, for dette skal ikke være mulig. Det skal *ikke* være mulig. Jeg reiser meg fra setet og tråkker på litt ekstra mens jeg vurderer situasjonen. Enten må jeg øke farten og henge meg på eller så må jeg ta nederlaget som en mann, som ikke lenger føler seg som en mann. Beslutningen må tas raskt. Italieneren løper lett og uanfektet. Jeg tenker på regel nummer 38 i sykkelbibelen *The Rules*[57] som slår fast at dersom man blir passert av noen så er det *ikke personlig*. Man må bare akseptere at akkurat denne dagen er den andre sterkere. Og det dummeste man kan gjøre er å sykle forbi, for så å bli tatt igjen enda en gang. Nederlaget sitter langt inne, men det blir til at jeg setter meg ned på setet og lar den virkelige atleten stikke fra.

De neste kilometerne er vonde. Ikke på grunn av alle høydemeterne, men fordi jeg sliter med å forsone meg med det som nettopp har skjedd og hva det sier om mine kvaliteter, eller mangel på sådanne, som syklist. Jeg har aldri før blitt fraløpt. Det skal *ikke* være mulig. For farten min da det skjedde var egentlig høy nok til å kunne holde en løper bak seg. Jeg tenker på TV-bildene fra de store sykkelrittene hvor løpende tilskuere med alle slags kroppsformer klarer å holde følge med de beste proffene i 20-30 meter opp de bratteste fjellene. Men det hjelper ikke. Uansett hvordan jeg snur og vender på det, svir nederlaget skikkelig.

Monte Terminillo.

Skogen er tett, men etter hvert som jeg kommer meg høyere opp fjellsiden får jeg tidvis flott utsikt utover det flate slettelandet nedenfor. Til tross for at bakken er merket med milepæler hver kilometer er den langdryg. Når jeg nærmer meg toppen blir fjellet nakent og røft, og for første gang i giroen får jeg oppleve snø langs veien. Jeg finner frem kameraet og leker meg med selvutløserfunksjonen.

Nedfarten begynner med store s-svinger i det nakne landskapet etterfulgt av et langt skogsparti. Asfalten er dårlig og flere steder vandrer store kyr tankeløst rundt i veibanen. De er skumle og uberegnelige. Jeg må derfor lirke meg forbi i tilnærmet gangfart. I bunnen av bakken, 976 meter over havet, svinger jeg av til venstre gjennom den idylliske landsbyen Leonessa. Veien fortsetter over en langstrakt åpen slette med fjell på alle kanter før veien begynner å helle svakt nedover. Solen skinner og jeg koser meg virkelig i det vakre landskapet.

Når jeg kommer til Norcia tar jeg meg en liten pust i bakken før jeg begynner stigningen opp til nasjonalparken Monti Sibillini. Akkurat som Monte Terminillo går bakken først på skrå oppover fjellsiden, men det er en viktig forskjell. Denne bakken er så slak og lettsyklet at det er helt utenkelig at noen vil klare å løpe forbi meg. Igjen tenker jeg på DeLillos.

Å sitte på en sykkel og bare være til
Og kjenne solen varme i en luft som er så mild
Det er hva jeg kaller en smak
av honning

Det føles som jeg har all verdens tid og jeg leker meg derfor til stadighet med selvutløserfunksjonen på kameraet. Når jeg kommer til det jeg tror er toppen snaut 1500 meter over havet innser jeg at jeg har tolket kartet feil. For veien fortsetter bortover det fabelaktige slettelandet Piano Grande innrammet av høye fjell. Et grått skydekke ligger som et tungt slør over fjelltoppene, men når solen begynner å gå ned langs Monte Vettore får jeg oppleve et makeløst fargespill. Jeg er ikke i tvil om at dette er den absolutt største naturopplevelsen så langt i giroen. Og det som gleder meg mest er at jeg klarer å leve i nuet og nyte hvert eneste sekund.

Piano Grande og Monte Vettore.

Castelluccio.

Klokken er allerede passert ti over åtte når jeg kommer til den idylliske lille landsbyen Castelluccio. Jeg registrerer at det er overnattingsmuligheter der, men en stemme i bakhodet hvisker at jeg må komme meg videre til målet for etappen; fjellpasset Monte Prata. Jeg fortsetter over en ny slette, Piano Piccolo, i visshet om at mørket vil komme om tre kvarter. Det er en reell kamp mot klokken for Sibillini-fjellene er ikke et hyggelig sted å befinne seg etter at det blir mørkt. Fjellene er nemlig oppkalt etter Sibylla[58] som i middelalderen ble ansett for å være gudinnen blant heksene. I det indre av fjellene huser hun demoner, troll, alver og feer. Kvart på ni når jeg toppen av fjellpasset. Det er blitt merkbart mørkere og om noen minutter vil det være helt mørkt. Det er ingen hus eller hotell her; kun et gammelt skilt med en pil mot en sidevei og teksten *Ristorante Albergo La Baita 1700 meter over havet*. Jeg sjekker kartet og ser at La Baita *er* avmerket. Lettet over at jeg snart er fremme fortsetter jeg oppover en bratt bakke i en slags halvmåneform rundt fjellet. Klokken har så vidt passert ni når jeg triller inn foran hotellet. Fortvilelsen er større enn den jeg opplevde da jeg ble fraløpt tidligere på dagen. For hotellet er bekmørkt og stengt. Mens jeg tar på meg refleksvesten overveier jeg om jeg skal sykle tilbake til Castelluccio eller fortsette nedover fjellet for å finne et hotell før mørket eller Sibylla tar meg. Så langt har dagen vært som et eventyr og eventyrlysten som jeg er velger jeg derfor det usikre fremfor det sikre. Jeg lar alle hemninger fare og suser nedover fjellsiden. Det blir mørkere og mørkere uten at jeg kan se noen form for lysning. Men så, etter tolv kilometer, skimter jeg lysene fra noe som ser ut til å være en liten landsby. Jeg stopper i et veikryss og får øye på et skilt med en pil og teksten *Hotel Ristorante Pizzeria **Navigante*. Ordet *hotel* gir meg fornyet håp, men sideveien er smal og ser lenge ut til å være et blindspor. Lettelsen er derfor stor når det faktisk er et hotell der. Triumferende går jeg innenfor og blir møtt av en blek gammel kone med hvitt hår. Jeg spør høflig om de har et ledig rom for natten, men får ikke noe svar. Hun henter en av gjestene i restauranten; en ikke fullt så gammel kone som kan litt engelsk. Med hjelp fra den lokale tolken får jeg bestilt både rom og middag. Jeg tar en rask dusj før jeg koser meg med en stor porsjon hjemmelaget spaghetti med tomatsaus til forrett, oksestek til middag og tiramisu til dessert. Aldri før har jeg vært så glad for å få meg tak over hodet. Samtidig lurer jeg på om det er skjebnen eller høyere makter som grep inn når det så som mørkest ut og navigerte meg hit til Il Navigante. Tilbake på rommet tenker jeg atter en gang på Sibylla, demoner, troll, alver og feer, men slår meg fort til ro. For over sengen henger et lite krusifiks med Jesus på korset. Og som ikke det er nok, heter stedet jeg befinner meg på Castelsantangelo, som oversatt til norsk betyr *den hellige engelen sin borg*. Det går derfor ikke mange minuttene før jeg sover søtt.

Etappe 13: Castelsantangelo–Chiusi della Verna

Jeg våkner klokken seks og selv om jeg er trøtt står jeg opp. En time senere går jeg ned i restauranten til frokost, men det er ingen der. Mens jeg venter beskuer jeg alle seilskutebildene og tenker på hvor absurd det er at jeg strandet akkurat her, langt utenfor allfarvei, på Il Navigante. Ti over syv kommer eieren av det familieeide hotellet og noen få minutter senere har han disket opp med varm sjokolade, croissanter og noen brødskiver. Det er noe andektig med å være på dette hotellet. Ikke bare er det fredfylt; det er som om tiden har stått stille her, i mange, mange tiår.

Ti på åtte er jeg klar til dagens dyst. Som ventet starter etappen med nedoverbakke de første ti kilometerne til Visco. Så blir jeg overrasket av en tre kilometer lang stigning før landskapet flater ut, for så å fortsette ned en lang, slak dal som vider seg mer og mer ut til jeg kommer til Pieve Torina. De neste timene tilbringes i lett kupert terreng med høye fjell på begge sider. Like før Colfiorito svinger jeg av til høyre og fortsetter på en smal utrafikkert vei gjennom et vakkert jordbrukslandskap. Roen som senker seg får meg til å tenke på giro-historien.

I 1946 introduserte arrangørene den sorte trøyen *maglia nera*.[4-6] Trøyen ble båret av den som lå sist plassert i sammendraget. Og siden det var prispenger knyttet til trøyen var det selvsagt rift om den. I 1946 og 1947 ble trøyen vunnet av den slu taktikeren Luigi Malabrocca. Han gjorde alt som sto i hans makt for å tape tid samtidig som han passet på å passere målstreken akkurat innenfor tidsgrensen. Året etter brakk Aldo Bini hånden i en massevelt. Før krigen hadde han vunnet fire etappeseire og selv med brukket hånd nektet han å gi seg. På fjelletappene måtte han med smerte leie sykkelen opp flere av bakkene, men til slutt ble Bini belønnet for sin tapre innsats med den sorte trøyen. I 1949 var ringreven Malabrocca tilbake på startstreken, men ble utfordret av debutanten Sante Carollo. Det hele utviklet seg til en skikkelig italiensk farse. For mens Gino Bartali og Fausto Coppi kjempet intenst om den rosa trøyen fremst i feltet var Malabrocca og Carollo opptatt med en vel så hard duell langt, langt bak. De gjemte seg for hverandre på barer, bak høyballer og i låver slik at rivalen uvitende skulle passere og bli *nestsist* i mål. På en etappe skal en bonde ettersigende ha funnet Malabrocca gjemt på gården. Da bonden spurte Malabrocca hva han gjorde der svarte han som sant var «Jeg sykler Giro d'Italia!», hvorpå den forbausede bonden svarte forskrekket «I vanntanken min?» Første halvdel av rittet vekslet Malabrocca og Carollo på å inneha den sorte trøyen, men etter hvert kom Malabrocca sitt store repertoar av triks til sin fulle rett. Før siste etappe hadde han opparbeidet seg en solid *ledelse* og alt lå til rette for at han skulle vinne den sorte trøyen for tredje gang. Da Coppi krysset mållinjen til sin tredje giro-seier satt Malabrocca på en bar og koste seg. Før han syklet videre mot mål tok han seg sågar tid til å bli med en av landsbyboerne hjem for å se på fiskeutstyret hans. Igjen taimet Malabrocca etappen perfekt og kom i mål like før tidsgrensen. Det er ingen tvil om at han må ha fått hakeslepp da

Kampen om den sorte trøyen maglia nera.

han ble klar over skjebnens lunefulle inngripen. For funksjonærene hadde fått nok av det kyniske taktikkeriet hans, pakket sammen og reist hjem. Arrangørene ga Malabrocca samme tid som hovedfeltet og han *tapte* dermed sisteplassen til Carollo.

I 1950 vant Mario Gestri den sorte trøyen, mens Giovanni Pinarello vant trøyen året etter. Dette ble forøvrig siste gang trøyen var å se i rittet. Igjen ble trøyen gjenstand for skjebnens lunefulle inngripen. I 1952 startet *den siste taperen* Pinarello sin egen sykkelfabrikk og 23 år senere, i 1975, vant Fausto Bertoglio giroen på en Pinarello-sykkel.[4] Det er nesten som om Eddie *The Eagle* Edwards skulle blitt hoppskifabrikant etter at han la opp for så å levere gullskiene til Lars Bardal i Vinter-OL 2006. Sykkelmerket Pinarello eksisterer den dag i dag og er kanskje mest kjent for at de leverer syklene som brukes av det suksessfulle Team Sky.[59]

Jeg føler meg mer og mer som en rytter som kjemper om den sorte trøyen. For i giroen min gjelder det å få maksimalt ut av dagene og komme i mål like før tidsgrensen i form av mørket. Noen ganger drømmer jeg likevel om luksusen det ville være å sykle i et felt hvor man kan spare opptil 40 % av kreftene.[60] Dag etter dag må jeg ta belastningen det er å sykle alene og *ta vind* uten noen form for ENØK-tiltak. Trøsten er at enkeltindividet ofte blir betydningsløst når man løfter i flokk. Er man alene kan man derimot ikke gjemme seg bak noen, men må står fullt ut ansvarlig for sin egen prestasjon. Hvis jeg faller er det ingen her til å hjelpe meg. Og hvis jeg punkterer må jeg reparere slangen selv. Jeg føler meg som en enkelt utrustet pilegrim på en kulturell pilegrimsreise gjennom giro-historien, hvor veien til målet er vel så viktig som selve målet.

Jeg tenker på hvor mye som har endret seg siden jeg på første etappe måtte gjøre om giroen. Det føles som om brikkene endelig har falt på plass. For jeg higer ikke lenger etter å slå rekorder, men er mer enn tilfreds med å gjenoppleve og gjenfortelle de største øyeblikkene i giro-historien. Etter den ti kilometer lange nedoverbakken til Nocera Umbra fortsetter jeg på en vei som går parallelt med motorveien helt til Gualdo Tadino. Jeg ligger bra an tidsmessig, men når jeg kommer til Umbertide i firetiden er det som om jeg ubevisst må sløse bort litt tid for ikke å komme i mål for tidlig. Jeg spør en ung jente med barnevogn om veien til Chiusi della Verna og sykler i den retningen hun peker. Etter en halv time får jeg en uggen følelse om at dette umulig kan være rett. Veien er altfor lite trafikkert. Jeg snur derfor og sykler tilbake til Umbertide. Denne gangen spør jeg politiet om hjelp og de peker i motsatt retning. Glad over endelig å være tilbake på rett kjøl tenker jeg på hvor naiv jeg egentlig er.

Forberedelsene mine i Norge besto i å sette en strek på et grovt kart uten nærmere undersøkelser. Virkeligheten er langt fra så enkel og det må derfor gå galt iblant. Jeg funderer på om tiden som gikk med til feilsykling er bortkastet eller om den er like mye verdt som annen tid. For hvem kan med sikkerhet si hva som er bortkastet og ikke? Og ville ikke et liv uten feil, overraskelser og utfordringer bli kjedelig? Til slutt konkluderer jeg med at *tid er tid* og at feilsyklingen egentlig er en viktig del av totalopplevelsen. Dessuten er det en god følelse å måtte presse kroppen og kjempe seg mot mål de siste timene av etappen.

Når jeg kommer til den flotte innsjøen Lago di Montedoglio snirkler veien seg lekende på kryss og tvers, over og under motorveien. Fem på åtte stopper jeg og kjøper mat og drikke i Pieve Santo Stefano. Siden matbutikken stenger klokken åtte smaker jeg på følelsen av medgang. Det er nå kun én lang oppoverbakke på sytten kilometer som skiller meg og Chiusi della Verna. Innerst inne vet jeg at jeg ikke vil klare å forsere bakken på én time, men det får heller være om det blir noen minutter overtid. Jeg finner det gode tråkket og får fin flyt på partiene det ikke er for bratt. Mørket kommer gradvis og jeg kjenner at kreftene ebber ut. Klokken ni har jeg kun to kilometer igjen til toppen og ti minutter senere passerer jeg skiltet hvor det står *Chiusi della Verna 1005 meter over havet*. Så bærer det nedover til selve landsbyen hvor jeg sjekker inn på Hotel da Giovanna. Kvelden avsluttes med pizza og en liten karaffel med husets rødvin. Mens jeg spiser får jeg øye på to menn i baren som koser seg med noe gulfarget i glasset. Jeg peker og bestiller det samme, noe som får hotellinnehaveren og de to bargjestene til å more seg hjertelig. Stolt kan de fortelle meg at den gule drikken er en italiensk sitronlikør med navnet *limoncello*. Den er farlig god, med frisk og fin smak til tross for at alkoholprosenten er rundt 30. Først klokken elleve går jeg til sengs. Og for en gangs skyld kjennes kroppen sliten. Det eneste jeg tenker på når jeg slukker lyset er å sove, sove, sove.

Etappe 14: Chiusi della Verna–Lugo

For siste gang i giroen min skal jeg følge i hjulsporene til den historiske 1914-giroen. Målby for dagens etappe er Lugo, men på veien dit skal jeg ta en lang omvei over Passo della Futa. Ene og alene på grunn av fjellpassets omstridte rolle i Giro d'Italia 1934. Omveien gjør at etappen blir hele 198 kilometer lang. Jeg dropper derfor frokosten og setter meg på sykkelen allerede klokken syv.

Dagen starter med en lang nedoverbakke til Bibbiena hvor jeg stopper for frokost på en flott kafé med panoramautsikt. Mens jeg koser meg med de deilige, nybakte godbitene samler flere og flere ungdommer seg på kaféen i påvente av at skoledagen skal begynne. De er høylydte og påfallende mange av dem røyker. Kaféen er derfor ikke et blivende sted for en giro-syklist som trenger ro og frisk luft. Etter frokosten fortsetter jeg på en lite trafikkert vei langs elven Arno som jeg sist stiftet bekjentskap med på etappen fra Firenze til Assisi. Det går ikke lenge før vi atter en gang skiller lag. I stedet for å fortsette langs elven strever jeg meg opp en lang bakke til Passo Croce ai Mori 955 meter over havet. I den påfølgende lange nedoverbakken til Londa tenker jeg på alle veiene som finnes i verden og hvor stor oppgave det må være å vedlikeholde dem. Bare i Norge alene finnes det 67000 kilometer med asfaltert offentlig vei.[61] Tar man utgangspunkt i at asfalt har en levetid på 20 år vil et rullerende vedlikeholds-program kreve nesten 3300 kilometer nyasfaltert vei hvert år. For å sette tallet i perspektiv tilsvarer det strekningen fra Oslo til Tromsø, tur/retur.[62] Så neste gang jeg fristes til å kritisere dårlige veier skal jeg bite det i meg.

Jeg tar meg tid til en god lunsj i idylliske Borgo San Lorenzo før jeg fortsetter forventningsfullt mot Passo della Futa. Bakken som starter i Barberino di Mugello er 14,5 kilometer lang med 635 høydemetre, noe som gir en gjennomsnittlig stigning på 4,4 %.[8] De første fem kilometerne går bakken oppover i en slags trappeform med bratte kneiker etterfulgt av flater. Tankene går bakover i tid til Giro d'Italia 1934.[4-5] Arrangørene hadde sett seg lei på Alfredo Binda sin dominans og komponerte derfor en løype som passet hånd i hanske til hurtigtoget Learco Guerra. Rittet var det lengste og flateste så langt i giro-historien, men den store duellen uteble da Binda falt på den sjette etappen og måtte bryte rittet. Alt lå dermed til rette for at Guerra, arrangørene og publikum skulle få sin etterlengtede seier. Før den trettende etappen ledet Guerra rittet med nesten to og et halvt minutt. Men så endret alt seg opp bakken til Passo della Futa. I bunnen av bakken følte Guerra seg uvel og tapte masse tid. De negative

Passo della Futa – nedfarten til Firenzuola.

tankene bygget seg opp og til slutt følte han at han hadde lidd nok. Guerra brøt rittet og satte seg inn lagets følgebil som fortsatte mot mål. Selv om bakken er tung, føler jeg meg sterk. Jeg fortsetter derfor ufortrødent oppover uten tanke på å gi meg. Etter den flotte landsbyen Montecarelli drøyt halvveis opp i bakken blir det merkbart brattere med 10-12 % stigning. Solen steker ubarmhjertig. Akkurat som Guerra sliter jeg, men jeg oppmuntrer meg selv med at hvert tråkk tar meg litt høyere. På toppen av Passo della Futa er det reist et minnesmerke for Gastone Nencini som vant Giro d'Italia 1957. Det er også en stor tysk krigskirkegård der hvor 30683 soldater[63] som falt under andre verdenskrig har fått sitt endelige hvilested. Jeg haster meg videre ned motsatt side av fjellet.

Utsikten er vakker og igjen går tankene tilbake til Learco Guerra og 1934-giroen. Dramatikken hadde så vidt begynt da han satte seg inn i følgebilen. Noen kilometer senere ble de stoppet av rittledelsen som mildt sagt ble forferdet da de så den store favoritten sitte i baksetet. Med Guerra ute ville interessen for rittet falle dramatisk, noe som ville bety mindre penger i kassen. Gode råd var dyre, og man tydde derfor til en løsning som var gratis. Det nærmest utenkelige skjedde at rittledelsen overtalte Guerra til å sette seg på sykkelen igjen. Med fornyet energi tok han opp jakten på konkurrentene foran seg og klarte begrense tidstapet på etappen til fem minutter. Riktignok mistet Guerra ledelsen i sammendraget, men uten noen form for tidsstraff fra arrangørene for å ha fått skyss deler av etappen var seieren fremdeles innen rekkevidde. Og med en suveren individuell tempo på den neste etappen tok Guerra tilbake den rosa trøyen. Han beholdt den helt til mål på siste etappe og vant giroen 51 sekunder foran nummer to. Kanskje det bare er meg som er litt forutinntatt, men i mine øyne illustrerer denne og andre giro-historier den italienske mentaliteten. For det er mye som tyder på at italienerne har et avslappet forhold til regler. Og tilsynelatende ser de ikke noe galt i å bryte dem dersom de selv kan dra fordel av det, uten å bli avslørt.

Kvart på fire stopper jeg på en kafé i Firenzuola for mat og drikke før ferden fortsetter slakt nedover en trang dal på kryss og tvers av elven Santerno. Fjellene er høye og nakne inntil dalen vider seg ut like før den idylliske landsbyen Castel del Rio. Jeg ligger bra an tidsmessig og sykler i forholdsmessig rolig tempo. Men så, tretten kilometer før Imola blir jeg passert av en italiener. Sykkelen hans er en flott Bianchi racersykkel med gullfarget sete. Og på hodet har han bandana i stedet for hjelm. Han minner derfor aldri så lite om legenden Marco Pantani. Den nye rivalen min opparbeider seg raskt en luke på 50 meter før jeg klarer å utligne farten. Tempoet er høyt og jeg vet at nå gjelder det å grave dypt. For dette er sjansen min til å revansjere den forsmedelige ydmykelsen da jeg tidligere i giroen ble fraløpt av mannen med joggesko opp til Monte Terminillo. Sakte med sikkert haler jeg inn den stilige italieneren som om jeg brukte fiskestang og hadde storfisk på kroken. Velvitende om at manøveren min sier mer enn tusen ord legger jeg meg tre meter bak ham. Igjen tenker jeg på regel nummer 38 i sykkelbibelen *The Rules*[57] som slår fast at dersom man blir passert av noen, så er det *ikke personlig*. For noe sludder og vås. Selvfølgelig er det personlig. Med jevne mellomrom vender italieneren ørlite på hodet for å sjekke om jeg fremdeles er der. Det får meg til å tenke på hvordan han vil ta det dersom han blir passert av en turist på terrengsykkel med sekk på ryggen. Vil han tenke på regel nummer 38 og akseptere at akkurat denne dagen er jeg sterkere? Forholdet mellom oss er intenst. For vi vet begge hva som står på spill og hva som er i ferd med å skje. Jeg skjenker ikke omgivelsene et eneste blikk, men stirrer resolutt på skikkelsen foran meg i håp om å se et eller annet svakhetstegn. Så senker italieneren plutselig farten ørlite og tar seg til låret som om han har fått en strekkskade. Om det er bare er skuespill vil jeg aldri få vite, men jeg vet at øyeblikket er kommet. Han kunne like gjerne ha viftet med et hvitt flagg og overgitt seg. Jeg kjenner meg klar, sykler opp på siden av ham og forbi. Fokusert stirrer jeg fremover mens jeg øker farten gradvis. Først når jeg kommer til sentrum av Imola og må stoppe i et lyskryss våger jeg se meg tilbake. Italieneren er ikke å se. Jeg har fått min søte revansj og endelig føler jeg meg som en mann igjen.

Jeg fortsetter over det flate slettelandskapet til Lugo hvor jeg kvart over syv sjekker inn på det flotte hotellet San Francisco. Dagens seier må selvfølgelig feires og jeg spaserer derfor bort til den overbygde markedsplassen Pavaglione. Det er mange restauranter å velge mellom, men valget faller på Amici Miei Vinosteria. Når jeg kommer innenfor vet jeg umiddelbart at jeg har gjort et godt valg for restauranten er stilfullt innredet med tradisjonelt italiensk preg. Og maten, vinen og servicen er upåklagelig. Det blir en førsteklasses avslutning på nok en førsteklasses dag.

Etappe 15: Lugo–Venezia

Det finnes en by som aldri kommer til å utfordre København om tittelen *verdens beste sykkelby*[64] og det er kanalbyen Venezia. Allikevel har byen opp gjennom årene vært både startby og målby for etapper i Giro d'Italia. I 2009 var første etappe i giroen en kort lagtempo på øya Lido like utenfor byen. Etappen ble vunnet av Columbia High-Road med Mark Cavendish og Edvald Boasson Hagen på laget.[2] Og siden kanalbyen av mange regnes som verdens vakreste kystby er den et selvskrevet valg som målby for dagens etappe.

Etter en spartansk frokost triller jeg av gårde klokken halv åtte. Landskapet er flatt med uendelige sletter dyrket mark. Like etter landsbyen Anita fortsetter veien mellom kanalen Canale Circondariale Gramigne Fosse og innsjøen Valle Lido di Magnavacca. Det er fredfylt å sykle her med blikkstille vann og rikt dyreliv på begge sider. Når jeg kommer til Codigoro viser gradestokken 31 grader. Jeg stopper derfor for is og kald drikke. Like etter krysser jeg Poelven som jeg også krysset på vei sørover mellom Pinerolo og Cuneo. Akkurat det er et klart tegn på at giroen min for alvor begynner å nærme seg slutten. Og selv om solen steker er jeg inspirert av at jeg ligger bra an tidsmessig. Jeg øker farten for å få mer avkjølende luftmotstand, og før jeg vet ordet av det er jeg i Cavarzere. Jeg tar meg tid til en god lunsj før jeg fortsetter på en idyllisk vei langs kanalen Gorzone. Klokken er så vidt rukket å bli kvart på tre når jeg ankommer Chioggia helt sør i Venezialagunen. Jeg er endelig klar for øyhopping på de to langstrakte og smale øyene som nærmest danner en molo mellom Venezia og Adriaterhavet. Først Pellestrina, så Lido, før jeg til slutt skal ta båten til Venezia. Jeg stiller meg i kø for å kjøpe billett. Det er fire foran meg i køen som alle får løst billett. Men når det blir min tur sier billettøren at båten allerede er bak skjema og må legge fra kai. Det er ikke til å unngå at jeg blir lang i masken. For i min verden er det uhørt at kun fire av fem personer i køen får være med. Heldigvis går irritasjonen raskt over ved at jeg finner en flott utekafé hvor jeg nyter solen en liten time mens jeg venter på neste båt.

Det er som en drøm å sykle på langs av de to øyene Pellestrina og Lido. Veien går nesten snorrett fra den ene enden til den andre og jeg forstår godt at man la tempoetappen i 2009-giroen akkurat her. Men når jeg kommer frem til kaien med skyttelbåtene slår idyllen sprekker. Jeg havner midt i et evinnelig kaos av reisende som trenger seg på for å komme med de ulike båtene fra Lido til Venezia. Tre ganger blir jeg avvist idet jeg skal stige ombord før jeg blir gjort oppmerksom på at syklister må ta bilferjen litt lenger nord på øyen. Jeg skynder meg og rekker akkurat ferjen før den legger fra kai. Varmen har tappet meg for krefter og tålmodighet. Allikevel klarer jeg å nyte den korte overfarten til Venezia fra soldekket på ferjen. Båttrafikken er pulserende og utsikten eventyrlig.

Fargerike hus på Pellestrina.

Når ferjen ankommer havnen i Venezia er jeg i villredet. Jeg vet ikke hvor jeg befinner meg i forhold til sentrum og bestemmer meg derfor for å følge strømmen av biler. Det går ikke lenge før jeg kommer til et skilt med en strek tvers gjennom ~~Venezia~~. En strek i regningen kan gjøre mye både til og fra, men i dette tilfellet betyr streken at dersom jeg fortsetter over broen til Porto Marghera på fastlandet vil målbyen for dagens etappe ikke lenger være Venezia. Selv om det ikke er noen skam å snu, kan det noen ganger være vanskelig. For veien har midtskiller og jeg må derfor leie sykkelen tilbake på det smale fortauet mot kjøreretningen. Lettelsen er stor når jeg kommer til Piazzale Roma, og derfra bærer jeg sykkelen over et par broer før jeg finner Hotel Arlecchino. Etappen og kvelden er reddet.

Gondol foran San Giorgio Maggiore-basilikaen.

Jeg innser at jeg ikke kan være i Venezia uten å gå på sightseeing – til fots uten sykkel. Byen består av 118 små øyer og har rundt 400 broer og 150 kanaler.[65] Det er som å befinne seg i en labyrint. Jeg smiler selvtilfreds når jeg finner Canal Grande, og derfra er det relativt enkelt å ta seg videre til den storslåtte Markusplassen. Venezia regnes av mange for å være verdens mest romantiske by og jeg møter mange kjærestepar som går hånd i hånd. Det får meg til å tenke på en av de mange mytene om italienere[66] og på romantikk i giro-sammenheng.[4,5,18] For den vellykkede italiener fremstilles gjerne som en hardt arbeidende familiefar som respekterer kvinnen han er gift med, samtidig som han smaker forbuden frukt på si. Høsten 1945 giftet Fausto Coppi seg med sin kjære Bruna og to år senere fikk de en datter sammen. Utad fremsto de som en lykkelig familie. Men så, i 1948 ble Coppi introdusert for den vakre Giulia av mannen hennes som var en ihuga Coppi fan. Giulia derimot var ikke interessert i sykkel, men fattet umiddelbart interesse for Coppi. Tobarnsmoren begynte å reise Italia på kryss og tvers for å være tilstede på Coppi sine sykkelløp. Under Giro d'Italia 1953 ventet hun på Coppi i den lange bakken opp til Stelvio-passet. Den hvite kåpen hun hadde på seg ga henne tilnavnet *La Dama Bianca* (den hvite damen). Iherdigheten hennes bar frukter og senere på høsten var hun og Coppi blitt mer enn gode venner. Jeg kan forestille meg hvordan Coppi før starten av Giro d'Italia 1954 må ha henstilt Giulia, i poetisk DeLillos-stil, om å avstå fra kyss og klem i offentlighet.

Nei ikke gjør det, ikke gjør det nå som alle ser det
Vær så snill og vent, alle journalister er tilstede
Det er ingen her som vet at jeg har vært sammen med deg
Og de har jo en helt annen oppfatning av meg

Det holdt nesten, men etter den nest siste etappen ventet Giulia utenfor Coppi sitt hotell. Og da Coppi kom ga hun ham en varm klem. Neste morgen var de avbildet på forsiden av tabloidavisen La Stampa. Den store skandalen var et faktum. For på 50-tallet hadde utroskap en strafferamme i Italia på inntil ett års fengsel. Vatikanet var raskt ute med sin fordømmende pekefinger og forsøkte å overtale Coppi til å gå tilbake til kona si. Det hele var nytteløst og i mars 1955 ble Coppi og Giulia fremstilt for retten. De ble dømt til henholdsvis to og tre måneder fengsel, men soningskravet ble frafalt. Tabloidavisene kunne imidlertid ikke få nok av skandalen og tegnet et bilde av Giulia som en heks som ødela Coppi sitt liv og karriere. For på den tiden var den allmenne oppfatning at sex svekket prestasjonene til mannlige idrettsutøvere,[18] og i årene som fulgte uteble de store seierne for Coppi. Kjærligheten lot seg imidlertid ikke kue. Coppi og Giulia reiste til Mexico og giftet seg. Og senere fikk de en sønn sammen.

Jeg er ikke kledd for de fine restaurantene og kjøper meg derfor et par velsmakende pizzastykker på en liten kafé. Etterpå utfordrer jeg meg selv til å finne veien tilbake til hotellet i mørket samme vei som jeg kom uten å bruke kart. Sansene skjerpes og jeg ser Venezia med nye øyne. Selvtilliten får seg også et byks ved at jeg finner veien tilbake til hotellet uten å gjøre en eneste feil. I stedet for å telle sauer blir jeg liggende i sengen og tenke på at jeg egentlig ikke er en ordentlig syklist. For en ordentlig syklist skal ikke gå tur på bena, men kun sykle, spise, sove, sykle, spise, sove, sykle, spise, sove ...

Etappe 16: Venezia–Villa Santina

Jeg våkner kvart på seks. Oppstemt og klar for en ny dag krysser jeg fingrene for at dagens etappe vil innfri forventningene. For i dag skal jeg sykle i Knut Knudsen sine gamle hjulspor og endelig stifte bekjentskap med de høyreiste Dolomittene. Det er nesten ingen trafikk over den 3850 meter[67] lange broen Ponte della Libertà til fastlandet. På en måte føles det godt å legge travle Venezia bak seg. For den ellers så flotte kanalbyen er ikke et blivende sted for en syklist.

Veien nordover mot Dolomittene går over langstrakte sletter og er lettsyklet. Igjen klarer jeg å finne det gode tråkket og koser meg til tross for at solen steker ubarmhjertig. Klokken halv ett er jeg allerede kommet til Vittorio Veneto og like etter er jeg klar for den første bakken. Utfordringen er at jeg begynner å få nok av solsteken og at gnisten er i ferd med å forsvinne. I bunnen av bakken blir jeg passert av et ungt par i 20-årene på racersykler; mannen først og jenta på hjul. Hun er flott antrukket med rosa sykkeltrøye og sort sykkelbukse. På baken står det skrevet *Invisible Attraction* med hvite bokstaver. Siden jeg har solbriller på er jeg ikke mindre blyg enn at jeg fester blikket på bokstavene. Attraksjonen er alt annet enn usynlig. Aldri før har det vært lettere eller mer inspiserende å holde et bakhjul. Selv med fare for å bli oppfattet som en mannssjåvinist må jeg ærlig innrømme at med ett, koser jeg meg igjen. Jeg lar tankene fare til Postgirobygget og sangen *En solskinnsdag*:

Jeg sitter her på sykkel'n og ser baken i bakken

En solskinnsdag i giroen min

I bakken skal jeg svette, stå i ramma og tråkke

Ja denne bak(k)en tror jeg blir fin

Jeg titter på jenta, jeg har solbriller på

Så ingen riktig ser hvor jeg ser

Den eneste, den peneste, den sportslige jenta

Hun snur seg i mot meg og sier

Du si meg

Har du det bra

Jo takk skal du ha

Jeg har det bedre enn de fleste her tilstede

Jeg smiler i dag

Fordi jeg er glad

Det er så fint å leve, si meg kan du ikke se det

Jeg blir med deg og sykler opp den bakken

For bak(k)er er det beste jeg vet

Igjen tenker jeg på sykkelbibelen *The Rules*,[57] men denne gang på regel nummer 19 som slår fast at dersom man skal henge seg på noen man ikke kjenner er det normal folkeskikk å presentere seg. Jeg forteller dem derfor litt om turen jeg er ute på. Ikke bare til den sportslige jenta, men etter hvert også til mannen. Han kan forøvrig fortelle meg at på veien opp til La Secca vil vi passere tre flotte innsjøer. Først den lille Lago del Restello, så den mellomste Lago Morto og til slutt den store Lago di Santa Croce. Det er nesten som eventyret om de tre bukkene bruse, men med den forskjell at jeg nå skal til seters for å gjøre meg *en fet opplevelse*. Etter tre-fire kilometer begynner jeg å føle meg litt brydd for å trenge meg innpå det unge paret som er på søndagstur. Jeg letter på baken i bakken og seiler sakte, men sikkert ifra. Luken øker og øker. Landskapet er storslått med høye fjell og motorveibroer som krysser dalen på høye betongsøyler. I Pian di Vedoia stopper jeg på en idyllisk liten iskremkafé for iskrem og to flasker vann. Så kjemper jeg meg gjennom et par lange tunneler med hjertet i halsen. For selv om jeg har refleksvesten på, stoler jeg ikke helt på medtrafikantene. Solen gjør meg tørst. Nederst i bakken opp til Pieve di Cadore stopper jeg derfor og fyller vann på begge flaskene i en fontene. Det kommer godt med. For bakken er tung. Jeg kjenner at kreftene svinner hen. Én kilometer før toppen stopper jeg på en kafé og kjøper meg en coladoks og noe å spise. Jeg setter meg ved et bord utenfor kaféen, men dratappen på colaboksen løsner idet jeg forsøker å åpne den. Jeg må derfor sette i gang en redningsoperasjon hvor jeg stikker hull i boksen med sykkelnøkkelen. Pausen gjør godt og den siste kilometeren opp til Pieve di Cadore går lett. Jeg stopper og beundrer den vakre kirken før jeg fortsetter nedover mot innsjøen Lago di Cadore. Utsikten mot de høyreiste Dolomittene med de karakteristiske lysegrå toppene er motiverende. Godfølelsen varer imidlertid ikke lenge. For ved en tilfeldighet oppdager jeg at sykkelnøkkelen ikke lenger ligger på

Pieve di Cadore.

sin faste plass i den gjennomsiktige kartlommen på toppen av styrevesken. Jeg legger straks sammen to og to; coladoks og nøkkel; dratapp og tap av nøkkel. Det er ingen annen utvei enn å snu. Mens jeg igjen strever meg opp til Pieve di Cadore lurer jeg på om det kan hvile en aldri så liten forbannelse over nordmenn som besøker dette stedet.

De fleste husker kun Knut Knudsen for hans OL-gull på bane i 1972.[68] Men da jeg før giroen besøkte biblioteket for å lese gamle aviser gikk det opp for meg at Knut Knudsen faktisk er den beste landeveissyklisten Norge noen gang har fostret. Verdensmester Thor Hushovd får ha meg unnskyldt, men i mine øyne er Knut større siden han er den eneste nordmann som har kjempet om seieren i ett av de store tre-ukers rittene på sykkel.

Året 1979[4-5] var året det ikke var så bratt. Arrangørene av Giro d'Italia hadde nemlig komponert den flateste giro-løypen i manns minne for at kampen om seieren skulle bli et feiende oppgjør mellom de to hjemmefavorittene Giuseppe Saronni og Francesco Moser. Det viste seg fort at de hadde forregnet seg. For på startstreken sto en nordmann som ikke bare var rå på tempoetappene, men som også hadde bedre klatreferdigheter enn de to italienerne. Han var dessuten kaptein på det italienske Bianchi-laget som selveste Fausto Coppi hadde vært kaptein for i etterkrigsårene. Før den sekstende av i alt nitten etapper lå Knut på andreplass i sammendraget, fattige 18 sekunder bak Saronni og 1 minutt og 11 sekunder foran Moser. På fjerdeplass lå svenske Bernt Johansson hele 3 minutter og 56 sekunder bak Saronni. Det eneste som gjensto var tre middels harde klatreetapper og en 44 kilometer lang tempoetappe. Alt lå til rette for at året det ikke var så bratt skulle bli Knut Knudsens store år. På toppen av den høyeste fjellovergangen på den sekstende etappen hadde Knut og Saronni distansert Moser med et halvt minutt. For å få klarhet i hva som så skjedde er gamle aviser verdifulle kilder. Dette fordi de er samtidsdokumenter som levende beskriver dramatikken som utspant seg.

Knut resignerte efter påkjørsel (Ivar Johansen, Aftenposten, 5. juni 1979)

Det gjensto bare 11 kilometer av 195 som utgjorde den 16. etappen av årets Giro d'Italia da påkjørselen skjedde. Det var det som skulle komme til å sette Knut Knudsen utenfor dette rittet.

Luciano Pezzi heter sportsdirektøren for det italienske laget Magniflex-Famcucine. Han er 55 år gammel og har aldri vært regnet for noen god sjåfør. Da han lørdag bare en mil fra mål i Pieve de Cadore, førte bilen sin opp på siden av tetfeltet for å prate med sin svenske kaptein Bernt Johansson, brøt han en av sykkelsportens mange uskrevne lover:

«Skal du prate med en av rytterne dine, og han befinner seg i et større felt, må du vente med å kjøre opp til han har sluppet seg ned på halen».

Til tross for at Johansson lå midt i feltet, forsøkte Pezzi å arbeide seg opp til ham, han vinglet imidlertid og bilens høyreside traff Knut Knudsen, som gikk i bakken sammen med sveitseren Godi Schmutz. Nordmannen slo seg stygt, fikk sykkelen ødelagt og det tok nøyaktig 45 sekunder før han var skikkelig i gang igjen. Han hadde fått skrubbsår på ben og armer og vonde avgjørende slag mot hofte og kne på venstre ben.

Da Knut gikk i bakken angrep ledende Saronni umiddelbart. Han gikk i spissen for feltet og drev tempoet voldsomt opp.

Bakerst hadde det imidlertid også skjedd ting. Giroens visedirektør Giovanni Michelotti stoppet kolonnen av følgebiler som lå bak nordmannen da uhellet skjedde, slik at han ikke skulle få chansen til å kjøre seg opp til feltet ved hjelp av kolonnen. Efter et slikt uhell ville det vært gjort i et hvert annet tilfelle hvis en italiener hadde vært den uheldige. – Jeg var redd for kaos, unnskylder Michelotti seg. Men en samlet presse, også den italienske fnyser av unnskyldningen.

Knut Knudsen og lagkameratene hans maktet likevel å innhente hovedfeltet. Det vil si, lagkameratene orket å henge med til det gjensto fire kilometer, derefter måtte Knut alene gå opp til feltet. Han nådde det igjen i de siste 1200 meterne før mål. Men da angrep Saronni på nytt og denne gangen var nordmannen tømt for krefter. Han måtte gi fra seg 26 sekunder frem til målpassering. De kom likevel ikke til å bli avgjørende, det var kneskaden som to dager senere skulle sette den endelige stoppen for Knut Knudsens håp om Giro-seier.

På ekte girovis gir historien grobunn for konspirasjonsteorier. Det er også påfallende hvordan Aftenposten-journalisten henger ut og dømmer synderen på samme måte som en forbryter: *Han er 55 år gammel og har aldri vært regnet for noen god sjåfør.* Og så var det dette med den brutte regelen om ikke å kjøre opp på siden av feltet, Saronnis angrep og bilkolonnen som ble stoppet. Det lukter *Italia* lang vei. Og kanskje er det ikke så rart at Stavanger Aftenblad den 5. juni 1979 oppsummerte det hele som følger i spalten *I dag snakker vi om*:

En følgebil sørget for at hele Italia Rundt blir et rent italiensk oppgjør. Hva i all verden hadde skjedd om en sekundant i en langrennsløype hadde løpt ut i løypa og kollidert med en annen løper etter å ha sekundert sin egen mann? Det hadde blitt huskestue det. I sykkelsporten, spesielt i den profesjonelle og spesielt i Italia skjer det mye rart, for å si det mildt.

Oppover mot toppen tenker jeg på at her må Knut virkelig ha vært sluttkjørt siden han tapte 26 sekunder på de siste 1200 meterne. Igjen beundrer jeg den vakre kirken før jeg suser nedover på motsatt side av fjellet. Det er med sitrende spenning i kroppen jeg går bort til bordet hvor jeg satt en time tidligere. Lettelsen er stor når jeg får øye på den - nøkkelen til en bekymringsfri fortsettelse på giroen. Jeg tenker på hvor mye som egentlig kan gå galt på en tur som denne. At hver dag er som et puslespill med et ukjent antall brikker og feilmuligheter. Å sykle fra A til B er langt fra så lett som man skulle tro. Vel oppe i Pieve di Cadore igjen, stopper jeg nok en gang og beundrer den vakre kirken. Mon tro om Knut fikk med seg hvor flott den er da han satt her slukøret den skjebnesvangre dagen i 1979?

Jeg kjenner en viss uro i kroppen før dagens siste stigning opp til Passo Mauria for jeg vet ikke hvor høyt jeg skal klatre. Det er derfor ekstra inspirerende å passere skiltene som viser antall høydemetre; 800, 1000 og 1200. Og selv om bakken ikke er altfor bratt føles det godt å passere toppen 1298 meter over havet. Klokken nærmer seg syv. På papiret er tiden knapp, men velvitende om at de siste 40 kilometerne av etappen stort sett er nedoverbakke, bevarer jeg roen og godfølelsen. Nedfarten er flott med vakre tyroler-landsbyer innrammet av høyreiste fjell. Også målbyen Villa Santina har et tydelig tyroler-preg og jeg sjekker inn på det koselige hotellet Al Fogloar. Det er utenom høysesong og ingen andre gjester enn meg. Middagen er enkel og kommer rett fra mikrobølgeovnen. Allikevel smaker det godt. Den lokale vinen er en fryd og etter desserten koser jeg meg med en liten limoncello. Jeg tenker på Knut Knudsen og funderer på utfallet av 1979-giroen dersom han ikke hadde blitt påkjørt. For italienske ryttere har aldri likt at utlendinger vinner *rittet deres* og har ofte kjempet sammen mot den felles fienden.[69] Tallenes tale er klar. Kun 29 av 97 utgaver av giroen har endt med utenlandsk seier.[2] Dersom Knut ikke hadde blitt påkjørt er jeg rimelig sikker på at han minst ville klart andreplass. I mine øyne ville han også hatt en fair sjanse til å sikre seg seieren på den 44 kilometer avsluttende tempoetappen. For tidligere i rittet hadde han vunnet en 25 kilometer lang tempoetappe med 16 sekunder margin til Saronni og 54 sekunder til Moser. Men når alt kommer til alt er det verken vits i å spekulere eller gråte over spilt melk.

Etappe 17: Villa Santina–Tre Cime di Lavaredo

Jeg våkner av alarmen på smarttelefonen. Venstre kne gjør vondt og jeg er trøtt. Allikevel gjør jeg unna den faste morgenrutinen på rekordtid. Dagens etappe er giroens *tappone*, som er den italienske betegnelsen på den hardeste etappen i rittet. På programmet står intet mindre enn tre fjellpass; monsterbakken Monte Zoncolan, Sappada-passet og Tre Cime di Lavaredo. For å spare tid dropper jeg derfor frokosten og låser meg ut av hotellet klokken kvart over seks.

Før jeg setter meg på sykkelen setter jeg meg ned på bakken. For klossen under den ene skoen har kilt seg fast slik at jeg ikke lenger klarer å feste skoen i pedalen. Når man er på langtur på sykkel er det viktig å ha utstyret i orden og unngå irritasjonsmoment. Problemet løses overraskende lett ved å løse de to skruene med unbrakonøkkelen, justere og feste på nytt. De ti kilometerne fra Villa Santina til Ovaro er dryge og jeg er først fremme klokken kvart over syv. Det er nå en drøy uke siden årets giro-felt stormet gjennom landsbyen for å posisjonere seg for den siste bakken opp til mål på toppen av Monte Zoncolan. Allikevel er Ovaro fremdeles pyntet i rosa; som om de visste at årets siste giro-deltaker ikke er kommet i mål enda. Omtanken varmer, for Monte Zoncolan er en av de hardeste bakkene som finnes. I løpet av 10,5 kilometer skal hele 1210 høydemetre forseres, noe som tilsvarer en gjennomsnittlig stigning på 11,5 %.[8] Og som ikke det er nok har den verste kilometeren en gjennomsnittlig stigning på nærmere 20 %. Selv om Monte Zoncolan bare har blitt klatret fem ganger i giroens historie har den allerede blitt et ikon for rittet. Inspirert av rosa ballonger på gjerder og balkonger sykler jeg selvtilfreds opp gjennom landsbyen. Det overrasker meg at bakken ikke virker å være særlig tyngre enn andre bakker, men jeg slår meg til ro med at det må være den gode formen min som spiller meg et puss. Etter å ha passert kirken tar jeg av til høyre og fortsetter på en smal flat vei de neste 3-400 meterne. Innrammingen av det som venter meg er ikke til å ta feil av. Jeg er kommet til det som må være starten på *selve* bakken – inngangsporten til helvete. Jeg tar frem kameraet og foreviger øyeblikket idet jeg sykler gjennom *La porta dell'inferno*.

Det er ingen biler her og heller ingen andre syklister. Veien er helt og holdent min. Jeg tenker på den italienske dikteren Dante og fortellingen *Den guddommelige komedie*[70] om hans tur gjennom dødsriket i år 1300. Det siste Dante så før han ble slukt av mørket og ført mot lyden av sukk, skrik og bitre klager i det underjordiske var skiltet over helvetes port: *La fare alle håp, den som trer inn*.

Monte Zoncolan – la fare alle håp, den som trer inn.

Det går ikke lenge før også jeg hører lyden av sukk og bitre klager, men lydene kommer ikke fra underjordiske vesener. De kommer fra meg selv. Begynnelsen av bakken med 17 % stigning gjør vondt. Og enda vondere blir det når jeg tenker på at jeg fremdeles har åtte tunge kilometer igjen til toppen. *La fare alle håp, den som trer inn.* For første gang i en oppoverbakke på sykkel smaker jeg på den bitre fortvilelsen av ikke å strekke til. Jeg har gapet over for mye og innser at jeg befinner meg på feil sted, til feil tid. Akkurat som jeg ville tenkt dersom jeg befant meg i det virkelige helvete. Men det står for mye på spill til at jeg kan gi opp. Dessuten er ikke helvete et sted jeg ønsker å oppholde meg lenger enn jeg må. Igjen tenker jeg på Dante og at han ble reddet av Vergil som geleidet ham gjennom dødsriket med alle pinslene. Jeg ser for meg at *engelen* Fausto Coppi sitter på en sky i himmelen og heier på meg. Det er som om han hvisker i øret mitt:

Eg ser at du e trøtt, men eg kan ikkje trå, alle tråkkå for deg
Du må trå de sjøl, men eg vil trå de med deg
Eg vil trå de med deg

Det hjelper å ha Coppi ved sin side. Ikke mye, men det hjelper. Likheten med Dantes verden er åpenbar. For på ferden hans gjennom helvete pekte Vergil ut ulike personer og beskrev deres ugjerninger. Med ujevne mellomrom opp bakken er det satt opp store bilder av sykkellegender med kort beskrivelse av deres gjerninger, eller rettere sagt meritter. Jeg innfører en regel om at jeg kun har lov til å stoppe ved disse bildene. I Dante sin fortelling var personene i helvete fastfrosset i en sjø av is. Legendene på bildene står stille, mens jeg kjemper meg sakte oppover bakken som fortoner seg mer og mer som en uendelig lang Tinghaugbakke. Svetten siler og sulten gnager. Én kilometer før toppen blir jeg overrasket av at veien flater ut før den fortsetter gjennom to korte tunneler som må symbolisere skjærsilden. Etter skjærsilden måtte Dante klare seg selv. Troen ledet ham. Og Maria, Jesu mor, ga ham styrke til å løfte blikket mot det høyeste. Når jeg kommer ut av den siste tunnelen må også jeg klare meg selv. De siste 500 meterne er styggbratte, men når jeg løfter blikket finner jeg inspirasjon i den blå himmelen. Og etter to timer i helvete føles det rett og slett himmelsk å nå toppen 1750 meter over havet. Nedfarten til Sutrio 540 meter over havet gir meg kjærkommen hvile, men i stedet for å ta meg tid til frokost fortsetter jeg tilbake over fjellet én kilometer lenger nord. Igjen overvurderer jeg meg selv. Tappet for energi er bakken mye tyngre enn den trenger å være.

Monte Zoncolan – manndomsprøven bestått.

Når jeg passerer toppen Ravascletto 952 meter over havet lover jeg meg selv å spise noe ekstra godt når jeg kommer ned til Comeglians. Etter et velsmakende kafébesøk fortsetter jeg oppover igjen via Rigolato mot Sappada. Bakken er lettsyklet i begynnelsen, men de siste fire kilometerne blir det tyngre og tyngre. Jeg sliter, men finner inspirasjon i historien om den sagnomsuste femtende etappen i Giro d'Italia 1987.[4-5] Før etappen med målgang på toppen av Sappada-passet 1290 meter over havet ledet Roberto Visentini rittet. Han hadde vunnet rittet året før og lå nå 2 minutter og 42 sekunder foran *lagkameraten* Stephen Roche. Etappen så ut til å bli en helt vanlig affære inntil Roche plutselig rykket fra hovedfeltet i nedoverbakken fra Monte Rest. Selv om sykkelsporten har individuelle vinnere, er og blir den en lagidrett. Noe av det mest illojale man kan tenke seg er derfor å angripe en lagkamerat, spesielt en som innehar den rosa trøyen. Det var ingen hemmelighet at sportsdirektøren helst så at den italienske hjemmefavoritten Visentini skulle vinne den italienske giroen. Han ga derfor Roche klar beskjed om å slippe seg tilbake til hovedfeltet, men iren nektet å adlyde ordren. Roche var lei av å spille annenfiolin, og nå som han var i sitt livs form følte han at det var hans fulle rett å ta hovedrollen som solist, koste hva det koste vil. Mytteriet ble dårlig mottatt. Sportsdirektørens neste trekk var å gi laget beskjed om å legge seg foran i hovedfeltet og ta opp jakten på *lagkameraten*. Også dette hører til sjeldenhetene innen sykkelsporten. Etappen var rett og slett en farse. Det gikk ikke lenge før Roche fikk høre hva som var i gjære bak ham. Sinnet over at alle og enhver var mot ham, ga ham uante krefter. All smerte var borte. Og selv om Roche ikke vant etappen distanserte han Visentini med over seks minutter. Han overtok med det den rosa trøyen og beholdt den helt til rittet var over. Italienerne var i harnisk. For Roche hadde ikke bare sveket lagkameraten sin i den rosa trøyen, han hadde også nektet å adlyde sportsdirektørens ordre. I deres øyne var Roche den verste sviker av alle svikere - *en utlending*. Den tunge bakken i kombinasjon med den stekende solen merkes godt. På toppen av Cima Sappada tar jeg meg derfor tid til en matpause. Så følger femten kilometer med nedoverbakke langs elven Piave. Gradestokken har passert 30 grader, men jeg lar meg ikke affisere. For jeg er oppstemt av opplevelsen det er å sykle her i den fantastiske naturen med mektige fjell på alle kanter. Heller ikke en tunnel på fire kilometer klarer å legge noen demper på stemningen.

Så følger jeg elven det siste stykket ned til idylliske Auronzo di Cadore ved den smaragdgrønne innsjøen Lago di Santa Caterina. Klokken er rukket å bli halv fire og jeg tar meg en velfortjent pause på en iskremkafé. Det er ingen tvil om at helvete er tilbakelagt for iskremen med sjokolade og marengs smaker himmelsk. De neste to timene sykler jeg slakt oppover i lett yr, men belønning for strevet får jeg i fullt monn når jeg kommer til den speilblanke innsjøen Lago di Misurina 1750 meter over havet. Og foran meg kan jeg se den karakteristiske fjellformasjonen Tre Cime di Lavaredo rage høyt og innbydende. Til forskjell fra de andre toppene i giroen min er ikke Tre Cime di Lavaredo et fjellpass, men en slags blindvei. For på toppen av fjellet slutter veien og den eneste veien ned er samme vei som man kom opp. De syv gangene fjellet har vært med i giroen[2] har Tre Cime di Lavaredo derfor alltid hvert mål for etappene. På papiret virker ikke den 7,5 kilometer lange bakken spesielt avskrekkende med en gjennomsnittlig stigning på 7,6 %.[8]

Cima Sappada – nedfarten til Auronzo di Cadore.

Jeg sykler på lave gir. Det er nesten helt stille. Det eneste jeg hører er lyden av fuglekvitter og pedalene som går rundt. Ved den lille innsjøen Lago Antorno flater veien ut før den til min store overraskelse går nedover den neste kilometeren. Dersom jeg hadde studert bakkeprofilen på forhånd hadde jeg visst dette, og at bakken de siste fire kilometerne har en gjennomsnittlig stigning på over 12 %.[8] Noen ganger er det godt å være lykkelig uvitende. Jeg lar meg derfor ikke affisere av at fortsettelsen er svært bratt. Verre er det at det begynner å regne. Først lett, så pøsregn i ti minutter før selve finalen med en haglskur. Jeg blir gjennomvåt og lider av kalde fingre og tær.

Det dårlige været får meg til å tenke på året 1967 da Tre Cime di Lavaredo for første gang ble syklet i giroen.[4] Været den gang var enda verre enn i dag med regn, snø og tåke. Ved foten av fjellet ledet italieneren Wladimiro Panizza og så ut til å gå mot en sikker seier. Sportsdirektøren hans var imidlertid redd for at *juks* skulle ødelegge den store dagen og gjorde alt han kunne for å forhindre at ivrige fans dyttet Panizza oppover fjellet. I bakkens hardeste parti med 14 % stigning, slet en liten gruppe med jagende forfølgere i det forferdelige været. De må ha vært gjennomvåte og kalde, akkurat som meg. Jeg kan se for meg hvordan de må ha kikket på hverandre. Og hvordan de andre må ha smilt da den første av dem ga etter for lidelsene og strakk ut armen og grep fast tak i følgebilen til laget sitt. Siden eksempelets makt er kraftfullt gikk det ikke mange sekundene før alle i forfølgergruppen hadde funnet hver sin bil. Det må ha vært et underlig syn. Og hvilket sjokk det må ha vært for den dyktige klatreren Panizza da han like før mål ble tatt igjen og forbikjørt av disse rytterne som var langt svakere i oppoverbakker enn han selv. Førstemann over målstreken var Felice Gimondi. Samtidens journalister lot seg ikke narre og slo fast at Gimondi var først fordi han hadde den raskeste bilen. Rittarrangørene så ingen annen utvei enn å annullere hele etappen, hvorpå avisen La Gazetta dello Sport kalte Tre Cime di Lavaredo for *le montagne del disonore* – det vanærede fjellet.

Året etter, i 1968, var Tre Cime di Lavaredo nok en gang med i giroen.[4] Igjen var været alt annet enn innbydende, med regn og snø. Eddy Merckx fikk sitt store gjennombrudd da han energisk distanserte konkurrentene opp bakken og la grunnlaget for sin første av i alt fem giro-seire. I 2013 avgjorde Vincenzo Nibali giroen på nest siste etappe i snøvær opp samme bakke.[71] At jeg er på historisk grunn hjelper på psyken og det er lite som kan måle seg med følelsen av å nå toppen 2320 meter over havet gjennomvåt, kald, tørst og sulten. Utsikten fra Dolomittenes tak er majestetisk. Og jeg kan se både innsjøen Lago di Santa Caterina ved Auronzo di Cadore og Lago di Misurina. Heldigvis slipper jeg å sykle våt og kald ned bakken. For på toppen av fjellet er det et overnattingssted – Rifugio Auronzo. Når jeg kommer inn er det fyrt i peisen og på den ene veggen henger en rosa trøye signert av Vincenzo Nibali. Stedet minner mer om en turistforeningshytte enn et hotell, men det er liksom slik det skal være her høyt oppe i fjellheimen. Utsikten gjennom de store panoramavinduene gjør meg målløs, noe som egentlig passer bra. For kokken serverer meg en stor porsjon spaghetti med tomatsaus. Det gjør seg særdeles godt med varm mat etter dagens strabasiøse *tappone*. Og i glasset får jeg italiensk hvitvin. Igjen kjenner jeg på den vidunderlige seiersfølelsen av å ha nådd toppen.

Etappe 18: Tre Cime di Lavaredo–Canazei

Når jeg studerer dagens løypeprofil er jeg ikke lenger sikker på at det er gårsdagens etappe som er giroens *tappone*. For i dag står intet mindre enn fem nye fjellpass på menyen; Passo Tre Croci, Passo Giau, Passo Falzarego, Passo di Campolongo og Passo Pordoi. Frokosten som skulle serveres klokken syv lar vente på seg. Lettere irritert bestemmer jeg meg derfor for å sette meg på sykkelen og komme meg av gårde på tom mage. Været er fantastisk og jeg bruker derfor den første halvtimen på å ta bilder ved Rifugio Auronzo.

Tre Cime di Lavaredo.

Bakken som var så tung å sykle opp kvelden før, er i dag en sann fryd å sykle ned. I alle fall en stund, for halvveis ned i bakken merker jeg at bremsene er dårlige. Jeg senker farten og krysser fingrene for at jeg vil finne et sykkelverksted i Cortina d'Ampezzo. At morgenen er spesielt vakker får jeg bekreftet når jeg kommer ned til innsjøen Lago di Misurina som ligger badet i sol. Igjen er det frem med kameraet og resultatet blir det flotteste bildet på hele turen.

Lago di Misurina.

Dagens første fjellpass er Passo Tre Croci som ligger 1809 meter over havet. Den fem kilometer lange stigningen fra Misurina opp til toppen fortoner seg som lekende lett. Nedfarten til Cortina d'Ampezzo er verre. For nå er bremsene nesten helt uten effekt. Velberget nede i den idylliske byen som var vertskap for Vinter-OL i 1956 finner jeg med god hjelp fra lokalbefolkningen frem til sykkelbutikken 2UE & 2UE. Klokken er så vidt passert ni og jeg er dagens første kunde. Det går ikke mange minuttene før sykkelmekanikeren kommer bort til meg og spør hva jeg egentlig har gjort med sykkelen. Bremsevæske har rent feil vei, noe som for ham er uhørt siden en sykkel visstnok aldri skal henge opp ned. Litt flau tilstår jeg at sykkelen hang opp ned da jeg tok toget tidligere i giroen. Mekanikeren rister oppgitt på hodet, men fortsetter arbeidet. Han har på seg mekanikerforklede og ser proff ut. Minuttene går sakte og jeg lar tankene fare hen til Giro d'Italia 1964.[4] På en av etappene punkterte følgebilen til Jacques Anquetil fem kilometer før mål. For å unngå at Anquetil skulle bli stående hjelpeløs i veikanten dersom han ble rammet av uhell iverksatte sportsdirektøren umiddelbart plan B. Han fikk lagets mekaniker til kaste seg på Anquetils reservesykkel og følge etter hovedfeltet helt til mål. Jeg smiler når jeg ser for meg mekanikeren i kjeledressen tråkke febrilsk noen hundre meter bak hovedfeltet. Med et så hengivent støtteapparat er det ikke rart at Anquetil dette året innkasserte sin andre giro-seier.

Klokken er rukket å bli ti når mekanikeren endelig er ferdig. Før jeg sykler videre tar jeg meg tid til frokost på en koselig utekafé. Når jeg begynner på den 15,9 kilometer[8] lange stigningen opp til Passo Giau vet jeg at tidsskjemaet for dagen allerede har sprukket. Jeg lar meg imidlertid ikke stresse av det, men bestemmer meg for å nyte dagen til fulle og komme meg så langt som jeg klarer. De første fem kilometerne tråkker jeg meg oppover fjellsiden mellom hus og hoteller. Panoramautsikten bakover mot Cortina d'Ampezzo levner ingen tvil om hvorfor byen regnes for å være Italias mest eksklusive vintersportsted. Halvveis opp i bakken flater veien ut, før jeg tar fatt på de siste åtte kilometerne med 9 % gjennomsnittlig stigning.[8] Solen steker og jeg merker at tørsten signaliserer at kroppens væskebalanse er i ferd med å komme i ubalanse. Vannet på Rifugio Auronzo var ikke drikkbart og alt jeg har igjen i flaskene er 2-300 ml fra dagen før. Jeg lar meg imidlertid ikke bekymre siden forskning har vist at tørsten setter inn lenge før kroppen er dehydrert.[72] I stedet teller jeg ned milepælene langs veien, hundremeter for hundremeter. Det er ikke særlig inspirerende når 75 blir til 74 for jeg vet at det enda er så altfor langt igjen til toppen. Skogen blir tettere, men til tross for at jeg sliter, føler jeg meg lykkelig. For de klare fargene fra den grønne skogen i kombinasjon med den grå asfalten og den blå himmelen får meg til å føle at jeg virkelig lever.

Passo Giau.

Det er ingen tvil om at dette er inderlig mye bedre enn en vanlig dag på jobb.

Å sitte på en sykkel og bare være til. Og kjenne solen varme i en luft som er så mild
Det er hva jeg kaller en smak av honning

Smaken av honning demper tørsten. Og etter hvert åpner landskapet seg opp med grønne enger innrammet av de høye, grå fjelltoppene. Naturopplevelsen er rett og slett storslått.

På toppen av fjellpasset 2236 meter over havet er det en kafé hvor jeg får kjøpt meg noe leskende. Så bærer det befriende nedover på motsatt side av fjellet gjennom 29 hårnålssvinger i et grønt, åpent landskap. Nede i Selva di Cadore 1314 meter over havet tar jeg av til høyre og fortsetter rett inn i en ny oppoverbakke.

De neste to kilometerne stiger det jevnt oppover til den lille landsbyen Villagrande 1453 meter over havet. Utsikten derfra mot Selva di Cadore med de høyreiste Dolomittene i bakgrunnen er som bildet i en bok.

Selva di Cadore.

Passo Falzarego.

Jeg stopper på en kafé og kjøper halvannen liter vann, noe som er nok til å fylle begge flaskene. Før jeg sykler videre tar jeg meg også tid til å smøre meg inn med solkrem og ta på meg solbrillene. Om det bare er innbilning vet jeg ikke, men solkremen og solbrillene har en svalende effekt. Så følger en kort nedoverbakke før jeg tar fatt på den 14,6 kilometer lange stigningen opp til Falzarego-passet.

Selv om jeg vet at 806 nye høydemetre venter er jeg ved godt mot. For den gjennomsnittlige stigningen er bare 5,5 %. Naturopplevelsen kan derimot ikke måle seg med Passo Giau. Mens jeg tråkker tålmodig oppover fjellet tenker jeg på Giro d'Italia 1940.[4] For da Fausto Coppi vant sin første giro-seier godt hjulpet av lagets kaptein Gino Bartali var Falzarego ett av fjellene på *tappone*-etappen mot slutten av rittet. Før etappen ga lagets sportsdirektør eieren av kaféen på toppen av Falzarego-passet klar beskjed om å ha to termoser med kaffe klar og gi dem til de to første rytterne. Lettere forundret spurte eieren av kaféen hvem de to rytterne ville være, hvorpå sportsdirektøren svarte at den ene ville bære den rosa trøyen (Coppi), mens den andre ville ha på seg den italienske mestertrøyen (Bartali). Og spådommen slo til. De to lagkameratene kom i ensom majestet over fjellpasset.

Landskapet på toppen av Passo Falzarego 2117 meter over havet er spektakulært med røffe fjell som delvis er dekket av snø. Oppildnet og full av energi tar jeg av til venstre og fortsetter videre oppover til Passo Valparola 2192 meter over havet. Så får jeg en kjærkommen nedoverbakke til idylliske Corvara i hjertet av vintersportstedet Alta Badia. Dagens etappe med de mange opp- og nedoverbakkene er en skikkelig *berg- og dalbane*. Man skulle tro at det ble kjedelig i lengden, men nei, hvert berg og hver dal er forskjellig fra de foregående. Jeg får noen minutter med lett yr, men heller ikke det legger noen demper på humøret. De neste seks kilometerne opp til toppen av Passo di Campolongo 1875 meter over havet, går gjennom et grønt og innbydende landskap. Så bærer det nedover til Arabba hvor jeg kan se dagens siste fjellpass Passo Pordoi ruve majestetisk øverst i nok en grønn dal. De 33 godt synlige hårnålssvingene som snor seg oppover dalen inspirerer til ny innsats. Bakken er 9,4 kilometer lang med en nesten konstant stigning på 6,8 %.[8] På himmelen bak meg har noen mørke skyer kommet til syne og de truende skyene gir meg god grunn til å tråkke på litt ekstra. Jeg fokuserer på å finne det gode tråkket, det som gir den gode flyten, og legger hårnålssving etter hårnålssving bak meg. Den store entusiasmen min kompenserer for det jeg måtte mangle av talent. Og det er ingen tvil om at dette er den bakken så langt i giroen jeg har klart å holde det høyeste tempoet. Men idet jeg skal innkassere seieren over de truende skyene én kilometer før toppen får jeg en kalddusj. Det begynner å regne. Først så spredt at jeg nærmest kan sykle slalåm mellom dråpene, men så går regnet over til hagl. Jeg biter tennene sammen og søker meg bakover i giro-historien for distraksjon. Passo Pordoi har blitt syklet 33 ganger i giroen og jeg lander på den syttende etappen i 1948.[4-5] Fausto Coppi hadde en fantastisk dag på sykkelsetet. Han var først over Passo Pordoi og tok en suveren etappeseier. Det var imidlertid ikke nok til å overta ledelsen i sammendraget. Han lå fremdeles 3 minutter og 20 sekunder bak Fiorenzo Magni. Da Coppi møtte pressen var han mildt sagt forbannet. For i bunnen av bakken opp til Passo Pordoi hadde han hatt seks minutter ledelse på Magni. På *italiensk* vis hadde dette forspranget skrumpet til to og et halvt minutt i mål. Grunnen var at Magni sin sponsor hadde kjørt busslaster med Magni-fans til bakken før rittet. Og da Magni passerte hadde de etter tur dyttet han oppover bakken. Coppi sitt Bianchi-lag leverte inn protest og krevde at Magni skulle få en streng straff. Rittledelsen vurderte saken noe annerledes og ga Magni en straff på fattige to minutter. Straffeutmålingen var dermed uten betydning, noe som fikk Coppi til å se rødt. Han tok med seg resten av Bianchi-laget og reiste hjem. Fiorenzo Magni kunne dermed innkassere sin første av i alt tre giro-seire. Det er ingen her til å dytte meg, men jeg er heller ikke typen som gir opp. Jeg kommer meg over toppen 2239 meter over havet og fortsetter nedover på motsatt side av fjellet i håp om oppholdsvær. Regnet stopper en stakket stund og jeg benytter sjansen til å få tatt et bilde ved hjelp av selvutløserfunksjonen på kameraet.

Jeg har knapt rukket å komme meg på sykkelen igjen før himmelen åpner alle sluser. Når jeg kommer ned til Canazei er jeg gjennomvåt. Selv om jeg skifter til tørre klær, så fryser jeg fremdeles. Motivasjonen for å sykle videre er borte. Jeg tenker på alvorsstunden jeg hadde med meg selv i Sveits da det så som mørkest ut på den første etappen. Og beslutningen jeg tok om at giroen deretter skulle handle om å kose seg og oppleve mest mulig. Til tross for at klokken ikke er mer enn halv åtte bestemmer jeg meg for at nok får være nok for i dag. Med et pennestrøk overfører jeg kilometermankoet fra dagens etappe til morgendagen og sjekker inn på Hotel Laurin. Jeg tar meg en lang dusj og får skiftet til tørre klær. Selv om det klarner opp ute er jeg ikke i tvil om at jeg gjorde et voksent og riktig valg. Til middag blir det würstel med pommes frites og til dessert koser jeg meg med den italienske iskremkaken *semifreddo*. I restauranten er det også et norsk par som er på gåtur i Dolomittene. Jeg føler meg brydd når jeg overhører hvordan de gjør narr av den godt voksne italienske servitrisen som bare kan noen få ord på engelsk. Det kan godt være at de *eier verden*, men det ser ikke ut til at de har et eneste lite snev av den lidenskapen det italienske paret fremviste på restauranten i Sestri Levante.

Passo Pordoi – nedfarten til Canazei.

Etappe 19: Canazei–Passo Stelvio

Det finnes et fjellpass i Italia som rangeres foran alle andre fjellpass. Ikke bare fordi det er det høyeste med sine 2758 meter over havet.[8] Men også fordi høydeforskjellen mellom bunnen og toppen er utrolige 1808 meter. Fordelt på 24,3 kilometer tilsvarer det en gjennomsnittlig stigning på 7,4 %. I 2008 ble veien over fjellpasset dessuten kåret til verdens flotteste vei i det britiske TV-programmet Top Gear.[73] Og det er dette forlokkende fjellpasset med navnet Stelvio som er målet for dagens etappe.

Hotel Castel Latemar.

Forventningsfull dropper jeg frokosten og starter dagen kvart over syv. Fra Canazei går det slakt nedover helt til Vigo di Fassa. Der blir jeg overrasket av et skilt som forteller at jeg må over et fjellpass jeg ikke har notert meg på forhånd, og at det er ti kilometer til toppen. Med dagens tøffe avslutning i mente sykler jeg kontrollert oppover. Fire kilometer før toppen flater veien ut og før jeg vet ordet av det når jeg Passo di Costalunga 1752 meter over havet. Like etter passerer jeg det vakre slottslignende hotellet Castel Latemar. På samme måte som himmelen er skyfri, er jeg fri for bekymringer. Og nok en gang kjenner jeg en smak av honning.

Jeg koser meg lenge med honningkaramellen. For de neste 30 kilometerne byr terrenget kun på nedoverbakke. Det føles godt å nå Bolzano kvart over ti velvitende om at kilometermankoet fra gårsdagen allerede er utlignet og vel så det. Jeg tar meg derfor tid til en liten matbit før jeg sykler videre. Siden Bolzano er etappens laveste punkt med sine beskjedne 265 meter over havet vet jeg at resten av dagen vil bli en eneste lang opptur. Når jeg kommer til Merano kan jeg ikke unngå å trekke på smilebåndet. For stedsnavnet Merano får meg til å tenke på sirkus. Jeg må imidlertid raskt tørke av meg fliret siden veien videre mot Stelvio-passet ser ut til å være forbudt for syklister. Uroen brer seg i kroppen og jeg setter meg ned på en utekafé for å finne en løsning. Jeg studerer kartet og ser at det er et nettverk av småveier som går langs hovedveien de første kilometerne mot Stelvio-passet. Planen fungerer bedre enn forventet. Etter fire kilometer på de sjarmerende småveiene kommer jeg inn på hovedveien akkurat der den nedgraderes fra motorvei. Fri for bekymringer fortsetter jeg langs elven Adige slakt oppover Venosta-dalen helt til jeg kommer til den 2399 meter lange tunnelen ved Naturno. De mange lastebilene gjør meg ukomfortabel. Flere ganger stopper jeg derfor og står helt i ro inntil tunnelveggen mens lastebilene suser forbi. Så spurter jeg et par hundre meter før jeg igjen stopper og lar trafikken passere. Noen kilometer etter den ubehagelige tunnelen innvilger jeg meg en sen lunsj på utekaféen til Hotel Winkler. Innehaveren snakker tysk og fra høytalerne runger en schläger-parade som det er umulig ikke å bli i godt humør av. Jeg nærmer meg for alvor Stelvio-passet og stopper derfor i en matbutikk for bunkre opp med juice og energi-drikk på boks.

Klokken er knapt rukket å passere fire når jeg forventningsfull tråkker meg gjennom den lille landsbyen Prato allo Stelvio. Like før den ultimate bakken skal begynne får jeg øye på en rekke fargerike, og for meg morsomme, totempæler ved det lokale treskjæringsmuseet. Fantasien drar meg umiddelbart tilbake til barndommen og tegneseriehelten Sølvpilen. Indianerne satte ikke bare opp totempæler på gravene, men også ved inngangen til husene hvor prominente personer bodde.[74] Det passer derfor bra at det er satt opp totempæler her ved inngangen til det prominente fjellet. Allikevel kan jeg ikke fri meg helt fra tanken om at det kanskje hadde passet bedre med enn port slik som ved foten av Monte Zoncolan: *La fare alle håp, den som trer inn*. For da Stelvio-passet med sine 48 hårnålssvinger første gang sto på giro-programmet i 1953[4-5] ga samtidens journalister det tilnavnet *montagna di troppo*, som oversatt til norsk betyr *fjellet som er for mye*.[4] Arrangørene hadde spart Stelvio-passet til den nest siste etappen. Så langt i giroen hadde sveitseren Hugo Koblet vist forrykende form og ledet med to minutter på Fausto Coppi. Italieneren hadde derfor mer eller mindre gitt opp håpet om å vinne rittet, men forelsket som han var ønsket han å vise seg frem for sin kjære Giulia. Kvelden før Stelvio-etappen inngikk han derfor en hemmelig avtale med Koblet om at han ikke skulle utfordre sveitseren om seieren i rittet mot at han selv skulle få etappeseieren. Tidlig i stigningen opp til Stelvio-passet rykket Koblet, Coppi og en liten gruppe av ryttere ifra hovedfeltet. Coppi latet som han slet og sakket litt akterut. Med senket stemme bad han italieneren Nino Defilippis som lå en drøy halvtime bak i sammendraget om å angripe, men Nino ristet på hodet for han var gått tom for krefter. Coppi var imidlertid ikke en mann som tok et nei for et nei og antydet derfor at det ville være bra for den unge Nino sin karriere om han angrep. Så kom rykket. Stakkars Koblet gikk rett i fellen og fulgte etter Nino for å tette luken. Coppi kunne dermed rettferdiggjøre overfor seg selv at det egentlig var Koblet som hadde brutt avtalen og *angrepet ham*. Og når Coppi så satte inn støtet var det ingen som kunne holde bakhjulet hans. Like før toppen av fjellpasset passerte Coppi sin kjære Giulia som sto i veikanten og heiet på ham. Oppildnet fosset Coppi videre mellom de meterhøye brøytekantene. Og ved målgang i Bormio hadde han distansert Koblet med over tre minutter og sikret seg sin femte giro-seier. Men denne gangen gikk han ikke med hevet hode. For da Coppi og Koblet ved en tilfeldighet møtte hverandre på hotellet senere på kvelden, så Coppi ned i teppet i stedet for å møte sveitserens blikk.

Av en eller annen grunn har jeg ikke tatt meg bryet med å studere bakkens detaljer på forhånd. Allerede fra første tråkk speider jeg derfor forventningsfullt oppover i håp om å få øye på de første hårnålssvingene. Kilometer etter kilometer sykler jeg rakt oppover dalen langs elven Trafoi. Når jeg så kommer til de to første hårnålssvingene, nummer 48 og 47, tror jeg at nå er jeg endelig i gang. Stigningen blir brattere, men de neste hårnålssvingene lar vente på seg. Først i den lille landsbyen Trafoi kommer jeg til nummer 46 og 45. Jeg stopper ved Hotel Gustav Thöni som drives av olympiamesteren fra 1972. På begynnelsen av 70-tallet var Thöni verdens beste alpinist og vant verdenscupen sammenlagt fire ganger.[75] I inngangspartiet til hotellet er deler av premiesamlingen hans utstilt. Sportsinteressert som jeg er vurderer jeg å gå innenfor, men slår det raskt fra meg. *La fare alle håp, den som trer inn*. Som syklist på vei mot toppen kan jeg ikke la meg distrahere. Jeg må fokusere fullt og helt på arbeidsoppgaven; å komme meg til toppen av Stelvio-passet. Heldigvis lar jeg meg ikke lede ut i fristelse, men blir heller ikke frelst fra det vonde. For de neste kilometerne gjennom skogen er tunge. Når jeg omsider kommer til hårnålssving 44 får jeg endelig gjort opp status. Milepælsteinen viser at jeg nå er 1834 meter over havet. Den nye kunnskapen om at jeg har mindre enn 1000 høydemetre igjen til toppen burde gi meg en skikkelig vitamininnsprøytning. Men jeg klarer ikke la være å tenke på hvor lenge jeg allerede har tråkket oppover denne bakken og ikke kommet mer enn halvveis.

Hårnålssvingene kommer tettere nå. 36, 35, 34. For hver sving vet jeg at jeg tar et nytt jafs med høydemetre. 33, 32, 31. Det begynner å regne, mens jeg regner på hvor mange høydemetre som gjenstår. Været forverrer seg med lyn og torden. Jeg stopper og tar på meg regnjakken mens jeg lar tankene fare til giro-historien. For felles for de fleste etappene som står igjen med uthevet skrift i historiebøkene er at det har det vært dårlig vær. 26, 25, 24. Jeg kan nå se hver og en av de siste 23 hårnålssvingene slynge seg oppover fjellsiden. Selv om været er grått er det et inspirerende syn. For det er dette partiet som har gjort Stelvio-passet viden kjent. Jeg tenker på mine egne begrensninger som syklist og heller i meg en boks med energi-drikk. Jeg innbiller meg selv at smerte er mer et psykisk fenomen enn et fysisk. Det gjelder derfor å akseptere smerten uten å dvele med de mulige konsekvensene. Jeg tror også at det er slik at når jeg først kommer til mål vil lidelsen omdannes til vakre minner. Og dess mer lidelse, desto vakrere minner. Jeg burde derfor være takknemmelig for at jeg sliter. Milepælene langs veien begynner nå å angi hvor langt jeg har igjen til toppen. Jeg regner videre i regnet og deler de gjenstående hårnålssvingene på antall kilometer. Jeg kommer frem til at det skal være fire hårnålssvinger per kilometer, noe som tilsvarer 250 meter mellom hver hårnålssving. 16, 15, 14. Meterne er dryge og jeg får ikke regnestykket til å gå opp. Jeg deler derfor de resterende antall høydemetre på antall kilometer og kommer frem til at gjennomsnittlig stigning vil være 8,5 %. Regnet og vinden gjør det kaldt oppover mot partall-svingene og jeg er i ferd med å få nok. Heller ikke utsikten inspirerer meg lenger. 9, 8, 7. Jeg søker trøst i partiene opp mot oddetall-svingene. For disse vender bort fra toppen og gir meg regnet og vinden i ryggen. 4, 3, 2. Selv om bena fremdeles kjennes fine er spruten i tråkkene helt borte. Jeg har ikke mer å gi og når jeg halv åtte passerer målstreken føler jeg ingen lykke, kun en bunnløs tomhet.

Passo Stelvio – nordsiden.

Sliten og trøtt sjekker jeg inn på Hotel Pirovano. Den eldre resepsjonisten gir meg en varm velkomst og mer skal det ikke til for å få humøret tilbake. Interessert spør han meg ut om giroen min og tar kopi av kartet for å vise det til kollegaene sine. Etter en varm dusj koser jeg meg så med en flott middag. Og under desserten er all lidelsen allerede blitt omdannet til dyrebare minner. Jeg tenker på filmen *The Bucket List* med Jack Nicholson og Morgan Freeman i hovedrollene. Begge er dødssyke og sistnevnte har laget seg en liste over ting han har lyst til å gjøre før han dør. Og nå kan jeg endelig krysse Stelvio-passet av min egen *Bucket List*.

Etappe 20: Passo Stelvio–Passo Gavia

Hvert år siden 1965 har det høyeste fjellet i Giro d'Italia hatt benevnelsen Cima Coppi[4] og første rytter over toppen har blitt behørig premiert. I min giro er det Passo Stelvio som er høyest og premien er en retro-sykkeltrøye med *Cima Coppi* skrevet på brystet. Jeg tar også på meg solbrillene som minner om dem Fausto Coppi i sin tid brukte. Utenfor hotellet står barna allerede i kø til sommer-skitrekket. Jeg derimot har helt andre planer. Eksemplarisk antrukket starter jeg nedfarten til Bormio.

De første kilometerne befinner jeg meg i et fantastisk vinterlandskap med hvitkledde fjell, sol og blå himmel. Jeg finner frem kameraet og leker meg med selvutløserfunksjonen. Det er nesten som jeg ikke kan få nok. Like nedenfor krysset hvor man kan svinge av til Sveits er det slutt på snøen. Igjen er det frem med kameraet. For sørsiden av Stelvio er mye vakrere enn nordsiden som jeg syklet opp kvelden før. Landskapet er åpnere og veistandarden flere hakk bedre, mens prikken over i'en er de rosemalte skiltene som nummererer de 40 hårnålssvingene. Syv kilometer ned fjellsiden er det så spektakulært at jeg nesten går i spinn. Jeg er ikke i tvil om at dette må være den ultimate drømmen for en syklist. For i løpet av de neste to kilometerne manøvrerer jeg meg konsentrert gjennom ti hårnålssvinger til lyden av en buldrende foss. Så følger et langt rett strekk på en fjellhylle hvor veien går inn og ut av fem korte tunneler før jeg igjen koser meg med hårnålssvinger. Det er nesten som jeg skulle ønske at bakken aldri ville ta slutt. Men omsider har jeg tilbakelagt alle 21 kilometerne og befinner meg 1550 høydemetre lavere enn jeg startet dagen; i sentrum av vintersportstedet Bormio.

Det myldrer av syklister som skal ta fatt på dagens solskinnstur. Skiltingen er eksemplarisk og jeg følger de rosa skiltene som viser veien til Mortirolo. Det går ikke lenge før jeg blir tatt igjen av en liten gruppe på racersykler. Igjen overholder jeg regel nummer 19 i sykkelbibelen *The Rules*[57] og presenterer meg. Det viser seg at de er fra Nederland og at vi har samme plan for dagen; først Mortirolo; så Passo Gavia. I nedoverbakkene seiler de fra meg, men jeg tetter lukene ved å trå på litt ekstra så snart veien flater ut. Selv om nederlenderne er behørig utstyrt med detaljerte kart velger jeg å svinge av på den første avkjørselen til Mortirolo slik jeg opprinnelig hadde planlagt. Ved foten av fjellet er det et skilt som forteller at 1296 høydemetre skal forseres på de neste 11,9 kilometerne, noe som tilsvarer en gjennomsnittlig stigning på 10,5 %. Mortirolo er således en av de bratteste giro-bakkene.

Passo Stelvio – Cima Coppi.

Passo Stelvio – italiensk veikunst.

For hver kilometer er det skilt som angir gjennomsnittlig og maksimal stigning den neste kilometeren. Det er fredfylt å sykle på den smale veien oppover fjellet helt uten biler. Når jeg nærmer meg toppen blir jeg passert av et par ordentlige syklister, men akkurat det preller av som vann på gåsa. Verre er det at nederlenderne har kommet til toppen av det 1852 meter høye fjellpasset før meg. De smiler bredt. Og selv om de ikke sier det høyt vet jeg at de tenker at nordmannen på terrengsykkel ikke kan sykle like fort som dem. Akkurat det får meg til å føle meg som skilpadden i Æsops fabel om haren og skilpadden. Jeg begynner derfor nedkjørselen til Monno først, men det går ikke lenge før den nederlandske armada hoiende suser forbi. Det er en særdeles varm dag og litt lenger ned i bakken stopper jeg nok en gang for å slå av en prat med nederlenderne. De søker ly i skyggen mens en av dem ringer til følgebilen for å få svar på hvor de skal spise lunsj. Før jeg sykler videre noterer jeg bak øret at dersom jeg tar en kortere lunsjpause enn dem vil jeg kunne bli først til toppen av Passo Gavia. Det føles godt å befinne seg i tet igjen. Nede i Monno bærer det slakt oppover. Når jeg nærmer meg Vezza d'Oglio kan jeg skimte det nederlandske toget komme halsende 2-300 meter bak. Om ikke annet står prestisjen på spill. Jeg graver dypere på tunge gir og utligner farten, men registrerer at en ensom rytter har tatt opp jakten. Han haler sakte, men sikkert innpå. Det viktigste er likevel at avstanden til resten av feltet faktisk øker litt. Jeg lar meg heller ikke sette ut av spill når nederlenderen kommer så nær at jeg kjenner pusten i nakken. Standhaftig holder jeg samme jevne tempo oppover inntil jeg plutselig drar ifra på samme måte som et fiskesnøre ryker. Det må bety lunsj for nederlenderne og like etter tar også jeg meg tid til en slags *kvikk lunsj*. Stigningen opp til Passo Gavia starter i Ponte di Legno. I margen på kartet har jeg notert at antall høydemetre er 1363, men jeg har ikke notert hvor lang bakken er. Ut fra hukommelsen mener jeg å huske at den er omtrent like lang som den 11,9 kilometer lange bakken opp til Mortirolo. Bakken går rakt oppover på flott vei. Med jevne mellomrom snur jeg meg for å forsikre meg om at nederlenderne ikke er å se. Så snevrer veien inn og blir brattere med opptil 16 % stigning. Etter ti hårnålssvinger retter veien seg ut igjen og fortsetter på skrå oppover fjellsiden. Det er stupbratt ned i ravinen og kantsikringen er minimal. Heldigvis sykler jeg langs fjellveggen. Jeg begynner å slite fysisk og psykisk, men som skilpadden i kappløpet mot haren holder jeg det gående, eller rettere sagt syklende. Det er ingen milepæler langs veien og jeg har derfor ingen holdepunkter for hvor langt det er igjen til toppen. I et forsøk på å fortrenge de negative tankene lar jeg tankene fare bakover i tid. Passo Gavia gjorde sin debut i giroen på den nest siste etappen i 1960.[4-6] Før etappen ledet Jacques Anquetil med tre minutter på sin nærmeste konkurrent Gastone Nencini. Halvveis opp i bakken forsøkte Anquetil forgjeves å rykke fra Nencini, men hver gang måtte han fortvilet være vitne til at italienske sykkelfans iherdig dyttet Nencini opp på siden av ham igjen. Anquetil må virkelig ha følt på kroppen den spesielle utfordringen det er å sykle på bortebane i *Italia*. Under nedfarten til Bormio slet han dessuten med tekniske problemer på sykkelen og Nencini dro lenger og lenger ifra. Det ble en hard kamp om den rosa trøyen, men Anquetil klarte å begrense tidstapet og ble den første franskmann til å vinne giroen. Anquetil var en slu rev. I harde bakker skal han ettersigende ha hatt en spesiell flaske på sykkelen med te som smakte forferdelig.[4] Grunnen var at han mente det ville gå raskere opp bakkene hvis han fokuserte fullt og helt på å sykle, i stedet for å kaste bort tid på å drikke. Heller ikke jeg kaster bort tid på å drikke, men idet jeg begynner å tro at jeg snart er på toppen ser jeg et skilt som angir at det fremdeles gjenstår åtte kilometer. Den nedslående informasjonen er like tung å svelge som den vonde teen til Anquetil. For hadde jeg forberedt meg bedre ville jeg ha visst at bakken ikke er 11,9 kilometer, men 17,3 kilometer.[8] Jeg graver dypere og trøster meg med at jeg enda ikke har sett noe til nederlenderne. Seks kilometer før toppen begynner det å regne og jeg svarer med å ta på meg regnjakken. Det går ikke lenge før det begynner å lyne og tordne. Så får jeg en vond haglskur, før det igjen blir regn, regn og atter regn. Været er til å miste motet av, men jeg biter tennene sammen og trøster meg med at været kunne vært så mye verre. Før den fjortende etappen over Passo Gavia i 1988[4-5] ledet italieneren Franco Chioccioli giroen. Det skilte imidlertid bare 1 minutt og 18 sekunder ned til amerikaneren Andy Hampsten på femteplass. Det var en ufyselig dag med regn og da rytterne kom til Ponte di Legno ved foten av Gavia var de allerede gjennomvåte og kalde. Regn ble til snø og Chioccioli og de øvrige italienske rytterne diskuterte seg imellom om de skulle stige av syklene og avslutte etappen i protest mot de forferdelige værforholdene. Men før de kom til enighet rykket et kobbel av utlendinger og italienerne kunne ikke annet enn å følge etter. I sin kortermede sykkeltrøye dro først nederlenderen Johan van der Velde ifra som haren i eventyret om haren og skilpadden, og like etter kom også Hampsten seg løs. Rytterne kjempet seg oppover fjellsiden i snøstorm og fire minusgrader. De fleste lagene var totalt uforberedt på værforholdene, unntatt ett. På formiddagen hadde støtteapparatet til Hampsten sitt lag trålt de lokale sportsbutikkene og gått til innkjøp av vinterklær og forberedt varm drikke til rytterne sine.

Regnet pisker mot øynene, men jeg holder det gående. Tre kilometer før toppen får jeg et par minutter ly fra regnet gjennom en mørk tunnel, bare for å oppdage at regnet og vinden har økt i styrke på den andre siden. Det samme har innbittheten og målbevisstheten min. For nederlenderne er fremdeles ikke å se og jeg kan kjenne smaken av etappeseier. Hampsten fikk vinterjakken sin to kilometer før toppen, men han fryktet at dersom han først steg av sykkelen ville han aldri klare å komme i gang igjen. Han vinglet derfor videre oppover bakken mens han forsøkte å få på seg jakken. Somlingen førte til at han ble tatt igjen av nederlenderen Erik Breukink og sammen passerte de toppen av Passo Gavia 1 minutt og 10 sekunder bak van der Velde. Like etter må de ha fått et aldri så lite sjokk da de møtte en utslitt og forfrossen van der Velde på vei tilbake for å varme seg i lagets følgebil som hadde kjørt seg fast på toppen. Etappen utviklet seg til et evinnelig kaos av forfrosne ryttere med tårer i øynene ute av stand til å gjøre rede for seg. Dagen etter var ikke La Gazetta dello Sport snauere enn at de omtalte etappen som *dagen da voksne menn gråt*.[4] I Bormio var Breukink den første som brøt målsnøret tett fulgt av Hampsten som overtok den rosa trøyen. Avstanden ned til van der Velde var hele 43 minutter. Og en uke senere ble Hampsten den første amerikaner til å vinne giroen.

Jeg sliter meg opp gjennom de siste hårnålssvingene. Den siste kilometeren er jeg så kald at jeg verken kan føle fingre eller tær. Når jeg passerer skiltet med *Passo Gavia 2652 meter over havet* føler jeg like stor glede som da skilpadden slo haren. Utslitt parkerer jeg sykkelen og går inn på Rifugio Bonetta. Foran peisen står en solbrun italiener i tipp-topp utstyr og hutrer. Akkurat det er et fornøyelig syn. På veggene henger bilder fra hvert av årene Passo Gavia har vært med i giroen. Og ett av bildene er et signert bilde av Hampsten i snøkavet. Jeg skifter til tørre klær og bestiller en kopp varm sjokolade og en panini. Selv om klokken ikke er mer enn fem føler jeg at skjebnen har bestemt at jeg denne kvelden skal overnatte akkurat her. Jeg sjekker inn og tar meg en dusj. Fra vinduet på rommet mitt i andre etasje kan jeg se den flotte statuen av La Madonna delle Vette.[76] Syklistenes skytsengel, Jomfru Maria, er omgitt av en spiral som strekker seg mot himmelen. Det får meg til å tenke på det lille kapellet jeg besøkte den første dagen på toppen av Madonna del Ghisallo og at ringen nå nesten er sluttet. Og ved siden av statuen er det to byster av Fausto Coppi og Vincenzo Torriani. Sistnevnte var forøvrig sjef for giroen fra 1949 til 1992.[4] Fylt av indre ro går jeg ned i restauranten til middag klokken syv. Familien Bonetta gjør alt som står i deres makt for at jeg skal føle meg hjemme. Jeg viser dem kartet med ruten min gjennom Italia og de blir fra seg av begeistring. På tallerkenen får jeg hjemmelaget spaghetti og i glasset sprudlende Prosecco. Til dessert koser jeg meg med italiensk iskrem. Og før jeg går og legger meg får jeg smake på en hjemmelaget Gavia-likør. Den er i sterkeste laget, men passer godt etter en dag med sterke sykkelopplevelser.

Etappe 21: Passo Gavia–Trento

Det er noe med sengen som lokker frem minnene fra min aller første langtur på sykkel. Høsten 2009 syklet jeg fra Stavanger via idylliske Hardanger til Bergen. Den andre natten overnattet jeg på hotell i Jondal og det var der det uhyggelige skjedde. For etter at lyset ble slukket kom veggedyrene frem fra sine gjemmesteder under madrassen. Og mens jeg lå der i min dype søvn gikk de til angrep. De umettelige småkrypene fikk blod på tann og storkoste seg helt til det grydde av dag og jeg forskrekket oppdaget hva som hadde skjedd. Heldigvis er det ingen veggedyr her på Passo Gavia, men minnene alene er nok til å gi meg en søvnløs natt.

Passo Gavia – 2652 meter over havet.

Passo Gavia – morgenstund har gull i munn.

Frokosten serveres kvart over syv og på det sedvanlige spørsmålet om jeg ønsker kaffe, te eller sjokolade svarer jeg sjokolade. Om gjestfrihet kan måles i sjokolade vet jeg ikke, men det føles i alle fall slik. For jeg får ikke bare én kopp med varm sjokolade, men en hel mugge. Jeg blir sittende å gruble på hvordan jeg bør gripe an situasjonen. Skal jeg nøye meg med én kopp eller vil det være høfligere å drikke hele muggen slik at de slipper å helle ut den dyrebare sjokoladen? Jeg inngår et slags kompromiss hvor jeg lar de innpakkede kjeksene og croissantene ligge igjen uåpnet, mens jeg spiser de tørre brødskivene og heller i meg alle fire koppene med sjokolade. Nedfarten fra Passo Gavia tar umåtelig lang tid. Ikke på grunn av den skumle veien med tidvis mangelfull kantsikring, men på grunn av det fantastiske landskapet. Jeg stopper altfor ofte og tar bilder med selvutløseren på kameraet. Innerst inne er jeg oppriktig glad for at jeg ikke syklet ned her kvelden før i det dårlige været, men sparte denne store sykkelopplevelsen til i dag når Gavia-passet er badet i sol. Heller ikke dagens etappe er flat. På menyen står tre nye fjellpass. Det første er Passo Tonale og klatringen starter så snart jeg kommer ned til Ponte di Legno. Jeg har ikke gjort meg kjent med topografien på forhånd, men tidlig i bakken står et skilt som forteller at det nå er åtte kilometer

Passo Gavia — på kanten av stupet, med tunga rett i munnen.

igjen til toppen. Sammenlignet med fjellene jeg har brynt meg på de foregående dagene er stigningen relativt moderat med snaue 6 % gjennomsnittlig stigning. Jeg finner en fin rytme og tråkker lett og ledig oppover. Når jeg så passerer Passo Tonale 1884 meter over havet merker jeg at honningen har en bismak. Passet har vært med i giroen flere ganger, men kun én gang har det spilt en avgjørende rolle – på den nest siste etappen i 1939.[4-5] Giovanni Valetti ledet rittet komfortabelt inntil Gino Bartali på den tredje siste etappen knuste alle og overtok

Passo Gavia – ut i naturen.

ledelsen i sammendraget med 3 minutter og 49 sekunder ned til Valetti. Seieren så ut til å være sikret for den formsterke Bartali.

Bartali passerte toppen av det snødekte Tonale-passet hele fem minutter før Valetti, men da rytterne 75 kilometer senere passerte målstreken i Sondrio hadde Valetti uttrettet et aldri så lite mirakel. Ikke bare hadde han passert Bartali. Han hadde distansert ham med syv minutter. Hva som egentlig skjedde er uklart, noe som gir grobunn for alle slags konspirasjonsteorier. Enkelte hevder at fascistene sto bak. For Valetti var medlem av Mussolinis fascistparti, mens Bartali var en hengiven katolikk. Det som imidlertid er sikkert er at både Bartali og Valetti hadde to punkteringer hver på etappen, men tiden de brukte før de kom seg videre var vidt forskjellig. Da Bartali punkterte like etter Tonale-passet slet han lenge med å skifte slangen i den bitende kulden. En mulig forklaring på det store tidstapet er at føreren av Valetti sin følgebil latet som han mistet kontrollen over bilen slik at den ble stående på tvers i veibanen og sperre for Bartali sin følgebil. Reglene på den tiden var dessuten slik at deler på sykkelen bare kunne byttes ut dersom de var så ødelagt at de ikke kunne repareres. Mot slutten av etappen var det Valetti sin tur til å punktere. Ettersigende skal mekanikeren hans da ha ødelagt hjulet med vilje for å slippe et tidkrevende skifte av den punkterte slangen. På den måten kunne han vise funksjonærene at hjulet var så ødelagt at det faktisk måtte byttes ut. Snarrådigheten til mekanikeren bar frukter. Han var dermed sterkt medvirkende til at Valetti gikk seirende ut av duellen med Bartali og vant sin andre giro på rad. Jeg er usikker på om historiene er sanne, men det spiller egentlig ingen rolle. I dagens mediehverdag med kameraer som følger rytterne fra start til mål er det derimot ikke lenger tvil om hva som har skjedd underveis i store sykkelritt. Og med det er mystikken som tidligere omspant sykkelsporten borte.

De neste 25 kilometerne til Dimaro er det stort sett nedoverbakke. Av en eller grunn begynner jeg å gruble på hemoglobin- og laktatnivåer. Dette til tross for at de to fremmedordene egentlig bryr meg midt i ryggen. Men det er ikke til å stikke under en stol at det har vært aldeles problemfritt å sykle over de høye fjellene. All logikk tilsier at siden luftens oksygeninnhold på høyder over 1800 meter[77] er vesentlig lavere enn i lavlandet skulle jeg ha slitt betydelig mer. Etter en del frem og tilbake ender jeg ned på at forklaringen må ligge i at jeg har syklet såpass sakte at jeg hele tiden har fått tilstrekkelig oksygentilførsel uten å pådra meg melkesyre (laktat).[78] Tre av de fire siste nettene har jeg dessuten overnattet på topper over 2300 meter. Jeg tenker på den mulige effekten jeg nå vil få av *høydetreningen*. For kroppens respons på redusert oksygentilførsel er å øke hemoglobinnivået (blodprosenten),[79] som er et mål for blodets transportkapasitet av oksygen fra lungene til resten av kroppen. Nede i lavlandet vil jeg i så fall dra nytte av at jeg nå kan transportere oksygen raskere rundt i kroppen. Det ergrer meg derfor litt at det er så få etapper igjen. Jeg tenker også på effekten av høydetrening sammenlignet med det å spise brunost. For da jeg var liten lærte jeg at brunost var en rik kilde til jern og at jern var mineralet som kroppen trengte for å få høy blodprosent. Jeg forsøker å forestille meg hvor mye brunost man må spise for å få samme effekt som to ukers høydeopphold med trening. Men hypotesen forkastes ganske så fort. For brunosten er ikke det den engang var. Tidligere ble den nemlig kunstig tilsatt jern, men siden 2001[80] er det leverpostei og havregryn som har vært de rikeste kildene på jern. Sannsynligvis ville jeg derfor bare bli smellfet dersom jeg forsøkte å bevise hypotesen.

Stigningen fra Dimaro opp til Passo Campo ved Madonna di Campiglio er femten kilometer lang med 916 høydemetre, noe som tilsvarer en gjennomsnittlig stigning på 6,1 %.[8] Etter noen dryge hårnålssvinger i bunnen av bakken retter veien seg ut oppover mot fjellpasset. Jeg kjenner en dyster stemning komme sigende. For Madonna di Campiglio er åstedet for den største dopingskandalen i hele giro-historien. Jo mer jeg tenker på det, dess mer sliter jeg med å forstå hvordan syklistene, støtteapparatene og journalistene kunne la dopingen gjennomsyre sykkelsporten i tiår etter tiår. Kanskje skyldes det at man allerede fra starten aksepterte det og at *alle* de involverte tjente på å dysse det ned inntil problemet en dag kom helt ut av kontroll. På 50-tallet ble doping referert til som *bombing*. Og for å sette det som skjedde i Madonna di Campiglio inn i et større perspektiv vil jeg sitere en artikkel av Ragnar Larsen som sto på trykk i Aftenposten 26. november 1955:

«*Bombingen*» *i internasjonal sykling en alvorlig fare*

For en tid siden så jeg et program i fjernsyn hvor ingen ringere enn Gino Bartali representerte rytterne. Professor La Cava svarte på vegne av idrettslegene. «Bombingen» ble selvfølgelig angrepet av legene fordi den i det lange løp og i for store doser ødelegger en hvilken som helst fysikk. Enda sterkere var imidlertid angrepene da man kom inn på den moralske siden av saken. Det ble til og med hevdet at rittene for fremtiden ville vinnes av den massøren som best kunne «bombe» sine ryttere. På spørsmålet om «bombing» var vanlige saker i rittene svarte Bartali uten omsvøp ja, og i Italia var det heller ingen som ventet noe annet svar. I den forbindelse fortalte han en episode som hendte efter innkomsten i et italiensk mesterskap. Gino selv har alltid røkt som en skorsten, og da han besøkte den nybakte mester på hans værelse efter rittet, spurte han om det gikk an å røke. «Det kan du godt», svarte mesteren, «men gå utenfor når du tenner på, for ellers går «bombene» i luften».

En av Italias meste kjente sykkelskribenter sluttet sitt referat efter en av etappene i «Italia Rundt» i sommer omtrent som følger: «En av mine kolleger led forferdelig av tørst efter rittet, og da intet annet var for hånden lesket han seg med innholdet av vannflasken til en av rytterne. Klokken er nu 4 om morgenen, og han fortsetter stadig å skrive på det som uten tvil blir hans livs lengste artikkel». Ingen kommentarer forøvrig.

Det er ingen tilfeldighet at få tror det er mulig å komme «bombingen» til livs i profesjonell sykling, dertil er det altfor store interesser i sving.

På en måte er det sjokkerende at en norsk journalist for 60 år siden kunne komme med en så presis spådom om fremtiden. Det får i alle fall meg til å tro at det ikke bare er rytterne som i årtier har drevet et skuespill overfor omverdenen. Idet jeg passerer Passo Campo 1682 meter over havet begynner det å regne. Jeg kan ikke la være å tenke at englene i himmelen fremdeles feller tårer over det tragiske som skjedde i Madonna di Campiglio under Giro d'Italia 1999.[4-6] I løpet av de første 20 etappene hadde Marco Pantani vist formidabel form og opparbeidet seg en ledelse på over fem minutter i sammendraget. Alt lå til rette for en populær hjemmeseier. Men så, om morgenen før den nest siste etappen ble Pantani vekket på hotellrommet sitt for dopingkontroll med måling av andel røde blodceller i blodet (hematokritnivå). Den godeste Pantani ante fred og ingen fare. For kvelden før hadde hans egen kontrollmåling vist 48,6 %, noe som var under den lovlige grensen på 50 %. Bare det at det var satt en øvre grense betydde at de syklistene som hadde ambisjoner om å vinne dopet seg opp til grensen. Kunsten, eller rettere sagt vitenskapen, var å holde seg under og ikke over. Resultatene av Pantani sin prøve slo ned som en *bombe* og den påfølgende dagen skrev avisen La Stampa at *dette er slutten på sykkelsporten slik vi kjenner den.*[6] For Pantani sin prøve viste 52 %. Drømmen hans om å innkassere sin andre giro-seier var knust. I stedet måtte han reise hjem i vanære. Italia er Italia og konspirasjonsteoriene er mange. Påfølgende kontrollmålinger og DNA-tester av blodet viste imidlertid at det opprinnelige testresultatet var korrekt og at prøven tilhørte Pantani. Etter årtusenskiftet ble sykkel*sporten* enda mer ugjenkjennelig og i stedet for å dvele mer med dette sorgens kapittel stopper jeg for lunsj på en flott pizzarestaurant. Jeg håper inderlig at englene snart vil slutte å gråte. For en stakket stund gir de seg, men akkurat idet jeg skal stige på sykkelen begynner det å regne igjen. Mens jeg har sittet og spist er jeg blitt kald. Jeg tar derfor på meg tre lag tøy på overkroppen og regnjakken utenpå der igjen. God og varm fortsetter jeg nedover den vakre dalen. I Sant'Antonio di Magliona gir regnet seg og jeg får tørr asfalt. Det blir en vakker ettermiddag og når jeg kommer til den idylliske innsjøen Lago di Toblino gjør jeg meg klar for dagens siste bakke opp det sagnomsuste fjellet Monte Bondone. Det er vindstille og jeg er helt alene på veien; ingen biler og ingen syklister. Bakken går slakt oppover og det irriterer meg derfor at jeg ikke har mer sprut igjen i bena. Etter hvert kommer de negative tankene og jeg begynner å nynne på min egen depressive versjon av DeLillos- sangen *Tøff i pyjamas*:

Av og til, så er jeg så dum, at når jeg ser meg i speilet, da blir jeg irritert

og jeg blir dum i kondomdrakt, jeg blir dum med pad

og når jeg sliter opp bakken

da skjønner alle at

her kommer dumme dumme dumme dum

her kommer dumme dumme dumme dum

wow wow

yeah yeah

slik går refrenget her

Veien ut av mismotet er å fokusere på det gode tråkket. Jeg ser ned på pedalene mens jeg tråkker rundt og rundt. Det får meg til å innse at sykkelen egentlig er en fantastisk oppfinnelse. Så enkel, men likevel utrolig effektiv. Jeg funderer også på om noen av proffene bevisst legger seg på den siden av feltet hvor de får den flotteste utsikten. Alle grubleriene gjør at jeg legger kilometer etter kilometer bak meg, men når jeg nærmer meg toppen begynner det å regne. Like etter skiltet med *Monte Bondone 1650 meter over havet* stopper jeg ved en plakat som forteller om Charly Gaul sine bravader opp fjellet i 1956. Jeg innser at jeg har gjort en utilgivelig feil i forberedelsene til giroen og blir i skikkelig dårlig humør. Nedfarten til Trento er en kald affære, men heldigvis når jeg frem til Hotel Venezia før himmelen åpner alle sluser. Kvelden avsluttes med en stor, men ikke altfor velsmakende pizza på en lokal restaurant før jeg slukker lyset klokken halv elleve.

Etappe 22: Trento–Soave

Jeg våkner tidlig og føler meg tung til sinns. Ikke fordi dagens etappe er den nest siste, men fordi feilen på Monte Bondone fremdeles gnager i meg. For å få ro i sjelen bestemmer jeg meg derfor for å skrinlegge de opprinnelige planene for dagen og heller sykle tilbake over Monte Bondone, men nå fra den *riktige* siden.

Case Cazuffi-Rella ved domkirken San Vigilio.

Før frokost tar jeg meg tid til en kort spasertur i de idylliske gatene ved domkirken San Vigilio. Med nye øyne lar jeg meg begeistre av alle detaljene jeg overså kvelden før. Og det som fascinerer meg mest er freskomaleriene fra 1500-tallet på fasadene til de to sammenbygde husene Case Cazuffi-Rella.[81] Jeg følger samme vei ut av Trento som jeg syklet inn kvelden før. Det går derfor ikke mange minuttene før jeg kommer til Montevideo, som ikke må forveksles med hovedstaden i Uruguay med samme navn. Opprinnelig stammer ordet montevideo fra portugisisk og betyr *jeg ser fjell*.[82] Og fjellet jeg ser er Monte Bondone som i 1956 var mål for den kanskje mest brutale etappen i giroens historie. Et skilt i veikanten forteller at det herfra til toppen er 17,6 kilometer, 1375 høydemeter, 38 hårnålssvinger og 7,8 % gjennomsnittlig stigning. Inspirert tar jeg fatt på bakken og finner umiddelbart det gode tråkket. Hodet fylles med positive tanker og etter hvert begynner jeg igjen å nynne på sangen *Tøff i pyjamas*:

Av og til, så er jeg så tøff, at når jeg ser meg i speilet, da blir jeg imponert

og jeg blir tøff i kondomdrakt, og jeg blir tøff med pad

og når jeg suser opp bakken

da skjønner alle at

her kommer tøffe tøffe tøffe tøff

her kommer tøffe tøffe tøffe tøff

wow wow

yeah yeah

slik går refrenget her

Jeg føler meg tøff i Marius-drakten og holder et godt driv oppover, hele tiden sekundert av milepælene langs veien. Med jevne mellomrom ligger små landsbyer og for meg som nordmann er det spesielt én av dem som skiller seg ut. Den bærer det velklingende navnet *Norge* og akkurat det får meg til å leke med selvutløserfunksjonen på kameraet en halv time før jeg fornøyd sykler videre.

Monte Bondone – Norge mitt Norge, no kjæm æ igjæn.

Hardhausen Fiorenzo Magni.

På den attende etappen i 1956[4-6] var det derimot ingen som lekte seg opp mot målstreken på toppen av Monte Bondone. Før etappen lå Fiorenzo Magni (vinner av Giro d'Italia 1948, 1951 og 1955) og Charly Gaul (vinner av Tour de France 1955) henholdsvis ni og seksten minutter bak i sammendraget. Tilsynelatende var de ute av kampen om den rosa trøyen. En forferdelig storm med regn, snø og temperaturer ned mot ti minusgrader skulle imidlertid snu opp ned på alt. For dette var dagen som virkelig skilte gutter fra menn. Nesten halvparten av rytterne måtte bryte, deriblant *gutten* med den rosa trøyen. Luxembourgeren Gaul derimot, fosset opp gjennom hårnålssvingene som han var besatt av djevelen og krysset målstreken hele syv minutter før neste *mann*. Han var så utslitt at han måtte løftes av sykkelen og den kortermede trøyen så frossen at den måtte klippes av ham.

Historien om Magni er kanskje enda mer imponerende. For på den tiende etappen hadde han falt stygt og brukket det venstre kragebeinet. Med store smerter kjempet han seg likevel til mål på etappen bare for å få beskjed på sykehuset om at han burde bryte rittet. Men hardhausen Magni nektet å gi seg i dette som skulle være hans siste giro. Skadeskutt kom han seg forholdsvis greit gjennom de påfølgende flate etappene, men like før den første fjelletappen maktet han ikke lenger å bruke musklene i venstre arm til å manøvrere styret. Mekanikeren hans visste imidlertid råd og festet en sykkelslange rundt styret. Og med den andre enden av slangen mellom tennene kjempet Magni seg videre. På den sekstende etappen gikk det nok en gang galt. Fallet var hardt og Magni ble liggende bevisstløs på bakken til sykebilen kom. Heller ikke denne gangen ga han seg. I stedet for å bli med til sykehuset fortsatte han mot mål sammen med resten av hovedfeltet som hadde ventet på ham. Med brukket kragebein er det derfor utrolig at Magni var tredjemann til å passere målstreken på toppen av Monte Bondone tolv minutter bak Gaul. Og med disse bravadene sikret Gaul og Magni seg henholdsvis første- og andreplass i Giro d'Italia 1956.

Året etter, i 1957, ledet Charly Gaul giroen før den attende etappen fra Como til Trento.[4,6] De nærmeste utfordrerne i sammendraget var Gastone Nencini og Louison Bobet som lå henholdsvis 55 sekunder og 1 minutt og 17 sekunder bak. Alt lå dermed til rette for at Gaul nok en gang skulle knuse konkurrentene over Monte Bondone og sikre seg sin andre strake seier. Da det gjensto 90 kilometer av etappen stoppet Nencini og Bobet for å late vannet. Lagkameratene deres slo følge slik at det etter hvert ble en lang rekke av ryttere stående i veikanten med

Monte Bondone – topptur.

sykkelbuksene på knærne. Gaul derimot fortsatte et par kilometer til før han svarte på kallet fra naturen. Mens han sto der med buksene nede syklet så Bobet og Nencini forbi. Og det var da det skjebnesvangre skjedde. Gaul som var fra Luxembourg hatet franskmannen Bobet intenst – et hat som var gjensidig. Og for å vise sin forakt for franskmannen gjorde Gaul en uanstendig gest med *utstyret* sitt. Forståelig nok følte Bobet seg forulempet og ble så illsint at han ga lagkameratene sine beskjed om å gi full gass. Dette til tross for den uskrevne regelen innen sykkelsporten om at ryttere som later vannet skal kunne gjøre det uten å bekymre seg for å bli angrepet. Nencini forsto at dette kunne være det avgjørende øyeblikket i rittet og ga laget sitt beskjed om å jobbe sammen med franskmennene for å distansere Gaul. Alene mot alle var Gaul sjanseløs og ved målgang i Trento hadde han tapt nesten åtte minutter til Nencini og Bobet, og med det også giro-seieren som skulle bli hans. Gaul var rasende på Bobet og ropte etter ham: «Jeg vil få min hevn. Jeg skal drepe deg. Ikke glem at jeg tidligere har jobbet som slakter, så jeg vet hvordan man skal bruke kniven». Dramaet i 1957-giroen var på ingen måte over. For på den neste etappen punkterte Nencini i den rosa trøyen like før den siste lange oppoverbakken. Bobet og resten av feltet så sitt snitt til å stikke ifra. Avgjørelsens time hadde kommet og de 19 sekundene Nencini hadde tilgode på Bobet forsvant fort. Alle har behov for en venn i nøden og Nencini kan knapt ha trodd sine egne øyne da han så hvem som sto og ventet på ham; ingen ringere enn *fjellenes engel* Charly Gaul. For hvis Gaul ikke kunne vinne selv, så skulle han i alle fall forsikre seg om at ikke den motbydelige trefoldige Tour de France-vinneren Bobet vant. Intetanende kjempet franskmannen seg oppover den siste bakken med et lite smil om munnen. Men da han like før toppen av bakken så seg over skulderen må han fått hakeslepp. For hvem andre enn en innbitt Gaul kom tauende på Nencini og lukket luken meter for meter. Gaul vant etappen. Nencini beholdt ledelsen og sikret seg senere seieren med de dyrebare 19 sekundene i margin ned til Bobet. Fadesen i veikanten ble imidlertid aldri glemt og må ha ridd Gaul som en mare. For sjelden, eller aldri, har noen få sekunders ubetenksomhet fått større konsekvenser i et sykkelritt. Og det ble ikke bedre av at franskmennene ga ham et nytt og lite flatterende kallenavn; *Monsieur Pi-Pi*.

Jeg føler meg fremdeles frisk og fin når jeg passerer toppen av Monte Bondone. Solen steker og det er derfor ikke behov for å klippe opp den kortermede sykkeltrøyen. I stedet benytter jeg sjansen til å få tatt mine siste bilder i den italienske fjellheimen. Så bærer det nedover samme bakke som jeg kvelden før syklet opp. Bakken er uendelig lang og det får meg til å erkjenne at innsatsen jeg la ned kvelden før egentlig ikke var så verst. Like etter blir jeg overrasket av nok en oppoverbakke. Denne gangen til Passo Udalrico 584 meter over havet før det bærer nedover til Gardasjøen på en utsøkt vei med lekre, lekende kurver. Førsteinntrykket av Riva del Garda er derimot en skuffelse. Men siden Gardasjøen av mange forståsegpåere regnes for å være et av de flotteste stedene i Europa slår jeg meg til ro med at det nok bare er meg som er mett på inntrykk og opplevelser. Klokken er rukket å bli ett. Det er tid for lunsj og valget faller på en flott iskremkafé helt nede ved innsjøen. Menyen er full av fristelser, men for å unngå dårlig samvittighet bestiller jeg en sunn banan, dog anrettet som banansplitt med massevis av is, krem og sjokoladesaus. Jeg blir sittende lenge og bare nyte sykkellivet. Jeg kjenner på den herlige roen og vissheten om jeg ikke har en eneste bekymring. Det er egentlig litt rart at noe av det beste med syklingen er alle de små stoppene underveis. Og disse ville ikke vært like dyrebare dersom jeg ikke hadde syklet så langt i forkant. Jeg fortsetter langs østsiden av innsjøen og med ett ser jeg alt med nye øyne. Forståsegpåerne har helt rett. Det er vakkert her. Fjellsidene er bratte og de små landsbyene maleriske. Og mellom byene er det sypresser, olivenlunder, svaberg og små strender. Alle turistene, og de er det mange av, ser ut til å kose seg. Det samme gjør jeg. For jeg er enda ikke mett på inntrykk og opplevelser. Etter hvert endrer landskapet karakter ved at et stadig bredere sletteland trenger seg inn mellom innsjøen og fjellene. I den søre enden av Gardasjøen gjør jeg en kort stopp i travle Peschiera del Garda før jeg haster videre.

Malcesine ved Gardasjøen.

Klokken er allerede blitt halv seks og det er 50 kilometer igjen til Soave. For første gang i giroen får jeg bryne meg på sterk motvind. Det åpne slettelandskapet gjør meg til et lett bytte for vinden, men jeg lar meg ikke knekke. Vel fremme i sentrum av Verona sykler jeg over på nordsiden av elven Adige siden jeg på morgendagens etappe skal sykle på sørsiden. Trafikken er tett, men jeg klarer å stake ut en stø kurs mot Soave. Solen er på vei ned og vinden er i ferd med å løye. Roen senker seg først når trafikken avtar. Soave er det største hvitvinsproduserende området i Italia[83] og de siste kilometerne sykler jeg gjennom de velholdte vinmarkene med middelalderslottet godt synlig på åskammen foran meg. Det føles som en stor seier når jeg sykler gjennom den gamle byporten lett til sinns etter den flotte avslutningen på etappen. Selve byen er liten og det tar meg ikke mange minuttene før jeg har trålet meg gjennom gatene på kryss og tvers. Jeg sykler ut gjennom byporten igjen og sjekker inn på Hotel Roxy Plaza. Kvelden avsluttes innenfor murene på en koselig restaurant. Riktignok er maten så som så, men den lokale hvitvinen er frisk i smaken og den beste av alle jeg har smakt i løpet av giroen.

Soave.

Etappe 23: Soave–Verona

I 1984[4-6] utviklet Giro d'Italia seg til et spennende og omdiskutert drama. I hovedrollene var franskmannen Laurent Fignon og hjemmefavoritten Francesco Moser. Før den avsluttende 42 kilometer lange tempoetappen fra Soave til Verona ledet klatreren Fignon med 1 minutt og 31 sekunder på tempospesialisten Moser. På startstreken sto også nordmannen Dag Erik Pedersen som tidligere i rittet hadde sikret seg to flotte etappeseire.

Klar til dyst stiller jeg meg rakrygget på startstreken ved byporten litt før klokken åtte. Etter å ha gjennomført en nesten plettfri giro så langt har jeg stor tro på at jeg innehar gode nok tempoferdigheter til å kunne ta hjem den rosa trøyen. Mens klokken teller ned til start tenker jeg på dramaet som må ha utspilt seg her før starten på den sagnomsuste etappen for 30 år siden.

Selv om Laurent Fignon[69] hadde den rosa ledertrøyen var det en bekymret franskmann som stilte til start. For innerst inne visste han at dersom alle de foregående etappene hadde blitt avviklet på forskriftsmessig vis ville den avsluttende tempoetappen vært uten betydning. I stedet for å tenke fremover på løypen som ventet ham ser jeg for meg at Fignon må ha dvelt med uretten han var blitt gjenstand for den siste uken av rittet. Planen hans hadde hele tiden vært å avgjøre rittet på monsteretappen over Stelvio-passet, men den sjansen hadde han blitt fratøvet. I siste liten hadde rittledelsen flyttet etappen fordi passet ettersigende var blokkert av snø. Det franske bladet Vélo hadde imidlertid kunne fremvise bilder som viste at Stelvio-passet var åpent. Arrangørenes kansellering av Stelvio-passet ble sett på som en klar favorisering av tempospesialisten Moser som vanligvis slet i oppoverbakkene. Italienske Roberto Visentini som lå på andreplass i sammendraget ble så forarget at han reiste hjem i protest. Fignon overveide å gjøre det samme, men hadde til slutt bestemt seg for å forsøke å avgjøre rittet på de påfølgende etappene før den avsluttende tempoetappen. På den tredje siste etappen som gikk over Passo di Campolongo og Passo Pordoi hadde han slått Moser med 2 minutter og 19 sekunder og overtatt ledelsen i sammendraget. Ledelsen burde imidlertid vært betydelig større fordi italienske fans påviselig hadde dyttet Moser opp bakkene. Tidligere i giro-historien hadde slik dytting blitt hardt straffet med tillegg i tiden, og Fignon la derfor inn protest. Juryen valgte imidlertid å snu det blinde øye til. I stedet strødde de salt i såret ved å ilegge Fignon 20 sekunder i straff for å ha mottatt mat utenfor langesonen. Fignon var ikke bare bekymret. Han var også bitter.

Francesco Moser stilte til start full av selvtillit. På den femtende etappen hadde han slått Fignon med 1 minutt og 28 sekunder på en 37 kilometer lang tempoetappe. Han trengte derfor bare å forbedre seg med 4 sekunder på den fem kilometer lengre avslutningsetappen for å sikre seg seieren. Under like forhold ville det bli jevnt, men Moser hadde et ess i ermet. Tidligere på året hadde han knust Eddy Merckx sin tolv år gamle timesrekord på bane. Og nå hadde han fått en spesiallaget landeveisutgave av den aerodynamiske rekordsykkelen. Da Laurent Fignon så Moser komme til start med den nye sykkelen var han en slagen mann. For han visste at han under like vilkår ville tape minst ett minutt til Moser. Matematikken var like enkel som den var brutal. For han antok at den aerodynamiske sykkelen ville utgjøre ytterligere ett og et halvt minutt i favør Moser.[69]

Startskuddet smeller og jeg får en flott start gjennom det idylliske landskapet med vinmarker tett på, på begge sider av veien. Jeg tråkker på det remmer og tøy kan holde på det tyngste giret mens jeg tenker på hvordan det må ha fortont seg for Fignon og Moser å mobilisere til den avgjørende tempoetappen. Sekunder som måtte vinnes for Moser og sekunder som måtte unngå å tapes for Fignon. Alt skulle avgjøres i løpet av 42 kilometer kamp med seg selv, mot klokken og sin argeste konkurrent. Veien er paddeflat og snirkler seg som en slange mot Verona. Noen strekk med medvind og noen med motvind. Det er nesten som for 30 år siden, men bare nesten. For i 1984 hadde Fignon motvind, mens Moser hadde medvind. I alle fall hvis vi skal tro Fignon.[69] I utgangspunktet en urimelig påstand, men Italia er Italia og ingenting kan vites med sikkerhet. Mellom de to rivalene svevde et helikopter med TV-kamera. Fignon hevdet hardnakket at helikopteret fløy så lavt bak Moser at turbulensen fra rotorbladene blåste han fremover, mens alle TV-bildene av Fignon ble tatt forfra slik at helikopteret blåste ham bakover. Moser derimot avfeide Fignon sine påstander som vrøvl.

Det er ingen biler på veien og jeg innbiller meg selv at de italienske veimyndighetene må ha stengt de tilstøtende sideveiene for at forfattersyklisten trygt skal få avslutte giroen sin. I godt driv passerer jeg slottet Castelvecchio før jeg tar ut de siste kreftene på brosteinene inn mot mål. Når jeg bryter målsnøret ved Arena di Verona har jubelen fra 1984 for lengst stilnet. Og den store åpne plassen foran amfiteateret er nesten tom for mennesker. Tiden min er overraskende god, selv om den på ingen måte kan måle seg med tidene til Moser og Fignon. Og for dem som lurer på hvordan det gikk med de to rivalene henviser jeg til Adresseavisen den 12. juni 1984:

Oppvisning av Moser

Endelig har den italienske sykkelguden Francesco Moser greid å vinne etapperittet Giro d'Italia. Med fantastisk innsats på søndagens 22. og siste etappe, 42 km temporitt Soave-Verona, slo han Laurent Fignon i den rosa ledertrøya med 2.24 min. Hundretusener av sykkelgale italienere så Mosers tempooppvisning inn til Verona. Under vanskelige vindforhold tilbakela han de 42 kilometerne med en gjennomsnittsfart på 50,97 km i timen. Den italienske vinneren, som er tidligere verdensmester i banesykling og landeveisritt, brukte på siste etappe den supersykkelen han satte verdensrekord med på en times kjøring i Mexico i januar i år.

Det er med en viss stolthet jeg overrekker den rosa trøyen til meg selv. Og trøyen som var en størrelse for liten før giroen startet, passer nå akkurat.

Arena di Verona.

Oops, jeg glemte visst Dag Erik Pedersen. Han endte til slutt på tiendeplass i sammendraget, 13 minutter og 35 sekunder bak Francesco Moser.[2] Den dag i dag er dette den beste plassering en nordmann har fått i ett av de tre store tre-ukers rittene på sykkel. Selv kjenner jeg kun Dag Erik fra TV som en reflektert og balansert mann. Uttalelsene hans i media under giroen tilbake i 1984 overrasker meg derfor aldri så lite. Etter den andre etappeseieren sto følgende å lese i Dagbladet den 5. juni:

Denne seieren betyr om lag 50000 kroner for meg, når jeg tar alt med i beregningen. Og med seieren på 9. etappe i tillegg, samt innsatsen forøvrig hittil i Giro d'Italia, er nok min verdi som proffsyklist steget til det dobbelte når neste sesongs kontrakt(er) settes opp.

To dager senere fortsatte pengepraten i samme avis:

Det er blitt noen tusenlapper, ja. Skal sette meg ned med papir og blyant og regne sammen det hele søndag. Det dreier seg faktisk om ganske mye, medgir Dag Erik.

Men enda mer forvirrende er hans uttalelser om det medisinske opplegget for de kommende sesongene:

Sannsynligvis blir jeg i Murella-Rossin-laget. Jeg får ypperlige betingelser sportslig og økonomisk og trives kjempefint. Murella satser vitenskapelig neste år, og følger i store trekk det opplegget som har virket så fint for Francesco Moser.

Pedersen mener at Moser er blitt en helt ny sykkelrytter takket være et grundig fysiologisk og medisinsk opplegg. Han har kjempet for Giro d'Italia seier i 12 år, og lyktes ganske sensasjonelt denne gang.

Det store spørsmålet er hvor inngående kjennskap Dag Erik egentlig hadde til Moser sitt *medisinske* opplegg. For i biografien sin skrev Laurent Fignon at under giroen i 1984 visste alle at Moser samarbeidet med en lege som ikke brydde seg nevneverdig om etikk.[69] Og nå 30 år senere vet vi med sikkerhet at Moser sin fremgangsrike 1984-sesong i stor grad skyldes det banebrytende medisinske opplegget med bloddoping utarbeidet av legene Francesco Conconi og Michele Ferrari.[4-6]

Ingen kommentarer forøvrig. *Omertà*.

Post giro

Giro d'Italia. Ordene smelter på tungen med en smak av honning. En drøm som ikke lenger bare er en drøm. Et hårete mål som ble nådd. En pilegrimsreise. Endeløse oppoverbakker og forløsende nedoverbakker. Variert natur, idylliske små kystbyer og pastellfargede hus. Mat og vin i utsøkt harmoni. En solskinnshistorie med mindre regn enn jeg regnet med. Et minne for livet.

Sykkelsporten er unik. For selv om proffene har bedre sykler, dyrere sko og flere sett med sykkelklær, er veiene og fjellpassene de samme. Ved å dra på langtur på sykkel trer man inn i proffenes verden. Man lever i en boble hvor dagene flyter over i hverandre og gir et friminutt fra hverdagens trivialiteter. På to hjul får man dessuten anledning til å bli kjent med sitt sanne jeg i kampen mot naturelementene og sine egne fysiske begrensninger. Man får gå i kjelleren og smake på lidelse, og ikke minst omfavne triumfens øyeblikk.

Forestill deg at hver morgen du våkner, er det satt inn 86400 kroner på bankkontoen din.[84] Haken ved ordningen er at de pengene du ikke klarer å bruke opp i løpet av dagen blir nullstilt. Hva ville du gjøre? Bruke hver eneste krone, selvfølgelig. Det fantastiske er at vi alle har en slik magisk konto, men i stedet for kroner måles innestående i sekunder. Vi må derfor tilstrebe å få mest mulig ut av hver eneste dag. For kontoen kan når som helst bli avsluttet, uten forvarsel. Livet er som en imitasjon av Barne-TV programmet *Lekestue* hvor vi hele tiden må foreta valg og prioriteringer. Enten vi velger det runde, buede eller firkantede vinduet vil det alltid få konsekvenser. For selv om vi tror at vi velger, så handler det like mye om å velge bort alt vi ikke velger. Og vinduene er enten åpne eller lukkede, for de kan ikke stå på gløtt særlig lenge. Livet handler derfor om å følge drømmene sine før de visner hen.

Drømmen min var å sykle Giro d'Italia og mine 3700 kilometer fordelt på 23 etapper ble en eneste lang opptur. Og nå, post giro, nøler jeg ikke et eneste sekund med å skrive under på hvert eneste ord i giro-arrangørenes[85] egen beskrivelse av hva Giro d'Italia egentlig handler om:

✓ *Torturen av en bakke som stiger bratt opp mot himmelen*
✓ *Galskapen av en nedoverbakke som stuper mot jordens indre*
✓ *Ensomheten på veien og feiringen på målstreken*

✓ Omfavnelsen fra mennesker som dytter deg med sine hender og hjerter

✓ Kampen mot klokken som både er med deg og mot deg

✓ Endeløs innsats, selv når det er over

✓ Regnet, tårene og gleden

Kort oppsummert er Giro d'Italia *det tøffeste rittet på det flotteste stedet i verden.*

Etappeoversikt

Etappe	Dato	Fra	Til	Km
1	Lørdag 24. mai	Milano	Varese	180
2	Søndag 25. mai	Susa	Cuneo	172
3	Mandag 26. mai	Cuneo	Sestri Levante	193
4	Tirsdag 27. mai	Sestri Levante	Lucca	177
5	Onsdag 28. mai	Firenze	Assisi	209
6	Torsdag 29. mai	Assisi	Roma	202
7	Fredag 30. mai	Napoli	Pompeii	55
8	Lørdag 31. mai	Pompeii	Avellino	142
9	Søndag 1. juni	Brindisi	Bari	130
10	Mandag 2. juni	Bari	San Severo	181
11	Tirsdag 3. juni	Termoli	L'Aquila	224
12	Onsdag 4. juni	L'Aquila	Castelsantangelo	183
13	Torsdag 5. juni	Castelsantangelo	Chiusi Della Verna	201
14	Fredag 6. juni	Chiusi Della Verna	Lugo	198
15	Lørdag 7. juni	Lugo	Venezia	151
16	Søndag 8. juni	Venezia	Villa Santina	196
17	Mandag 9. juni	Villa Santina	Tri Cime di Lavaredo	125
18	Tirsdag 10. juni	Tri Cime di Lavaredo	Canazei	120
19	Onsdag 11. juni	Canazei	Passo Stelvio	154
20	Torsdag 12. juni	Passo Stelvio	Passo Gavia	104
21	Fredag 13. juni	Passo Gavia	Trento	178
22	Lørdag 14. juni	Trento	Soave	183
23	Søndag 15. juni	Soave	Verona	42
Sum				**3700**

Passo Stelvio — et kjært minne fra et fullendt sykkeleventyr.

Referanser

1. Fremmedord.org – hva betyr prolog?
http://fremmedord.org/hva-betyr/prolog/

2. La Gazzetta Dello Sport – Giro d'Italia historiske arkiv
http://www.gazzetta.it/Speciali/Giroditalia/archivio-storico/it/edizioni.shtml

3. Dagbladet.com – musikkvideo: Vi ses i morgen
http://www.dagbladet.no/2013/10/24/kultur/litteratur/musikk/tore_renberg/janove_ottesen/29929838/

4. Bill & Carol McGann: *The Story of the Giro d'Italia: A Year-by-Year History of the Tour of Italy, Volume 1: 1909-1970 og Volume 2: 1971-2011*
http://www.bikeraceinfo.com/giro/giroindx.html

5. Herbie Sykes: *Maglia Rosa: Triumph and tragedy at the Giro d'Italia* (2011)
6. John Foot: *Pedalare! Pedalare!* (2011)
7. Podiumcafe.com – The 1914 Giro d'Italia: Il Più Duro Di Tutti
http://www.podiumcafe.com/book-corner/2014/5/6/5686434/Giro-dItalia-1914

8. Climbbybike.com – høydeprofiler fjell
http://www.climbbybike.com/

9. Finansavisen Sport & Fritid nummer 3 / 23. mai 2014
10. Horlogeparlante.com – history of daylight savings time
http://www.horlogeparlante.com/history.html?city=3169070

11. Landevei nummer 13-2014
12. Cyclingnews.com - Muro di Sormano returns to Tour of Lombardy route
http://www.cyclingnews.com/news/muro-di-sormano-returns-to-tour-of-lombardy-route

13. Saltaninsella.it – il Muro di Sormano la pista ciclabile
http://www.saltainsella.it/Muro_di_Sormano.htm

14. Dagbladet 1. juni 1960: *Fausto Coppi, verdens største syklist, ble legendarisk før sin død*
15. Store norske leksikon – Emil Zatopek
https://snl.no/Emil_Z%C3%A1topek

16. Katolsk.no – Vår frue av Ghisallo
http://www.katolsk.no/biografier/historisk/ghisallo

17. Fortediexilles.it
http://www.fortediexilles.it/en/home.php

18. William Fotheringham: *Fallen angel – the passion of Fausto Coppi* (2009)
19. Fortedifenestrelle.it
http://www.fortedifenestrelle.it/

20. Princeton.edu – Poelven
http://www.princeton.edu/~achaney/tmve/wiki100k/docs/Po_River.html

21. NatalieMacLean.com – vinanmeldelse Gavi Marchesi di Barolo 2012
http://www.nataliemaclean.com/

22. Daniel Friebe: Eddy Merckx – The cannibal (2012)
23. Italymagazine.com – Milan to Sanremo: When Fausto Coppi Stopped for a Coffee on the Way to Victory
http://www.italymagazine.com/featured-story/milan-sanremo-when-fausto-coppi-stopped-coffee-way-victory

24. Villabalbi.it
http://www.villabalbi.it/en/

25. Politiken.dk – Italien: Her er udsigten, der tryllebandt H.C. Andersen
http://politiken.dk/rejser/turengaartil/europa/italien/ECE2049175/italien-her-er-udsigten-der-tryllebandt-hc-andersen/

26. Crankpunk.com – Gino Bartali: the only true clean Grand Champion?
http://crankpunk.com/2014/04/02/gino-bartali-the-only-truly-clean-grand-champion/

27. UNESCO hjemmeside – Cinque Terre
http://whc.unesco.org/en/list/826

28. Historienet.no – Byggeslurv på gyngende grunn
http://historienet.no/vitenskap/byggverk/byggeslurv-pa-gyngende-grunn

29. Italian-architecture.info – Essential World Architecture: Florence Cathedral
http://www.italian-architecture.info/FL/FL-002.htm

30. Structurae.net – Ponte Vecchio
http://structurae.net/structures/ponte-vecchio

31. Euroclubschools.co.uk – Il Ponte Vecchio
http://www.euroclubschools.co.uk/page73.htm

32. Aili McConnon & Andres McConnon: Road to Valour – Gino Bartali, Tour de France legend and World War Two Hero (2012)
33. Abmc.gov – Florence American Cemetery
http://www.abmc.gov/cemeteries-memorials/europe/florence-american-cemetery#.VI1Yms90z4g

34. Sports-reference.com – Cycling at the 1984 Los Angeles Summer Games
http://www.sports-reference.com/olympics/summer/1984/CYC/womens-road-race-individual.html

35. Katolsk.no – Den Hellige Frans av Assisi (1182 – 1226)
http://www.katolsk.no/biografier/historisk/frans

36. Roguery.com – Vedi Napoli e poi Muori
http://www.roguery.com/cities/naples/mystery/seenaples/

37. Store norske leksikon – Vesuv
https://snl.no/Vesuv

38. Vesuvioinrete.it – Il portale del vulcano Vesuvio
http://www.vesuvioinrete.it/e_creatorvesevo.htm

39. Information.dk – Ånden fra Maradona
http://www.information.dk/451328

40. Thegame.17.wordpress.com – Island og historiske Pompeii
http://thegame17.wordpress.com/island-og-historiske-pompeii/

41. UNESCO hjemmeside – Pompeii
http://whc.unesco.org/en/list/829

42. News.nationalgeographic.com – Rescue of Ancient Ruin of Pompeii Follows New Plan
http://news.nationalgeographic.com/news/2014/04/140418-pompeii-unesco-europe-restoration-science/

43. UNESCO hjemmeside – Amalfikysten
http://whc.unesco.org/en/list/830

44. UNESCO hjemmeside – Trulliene i Alberobello
http://whc.unesco.org/en/list/787

45. The-mafia.weebly.com – Structure of the mafia
http://the-mafia.weebly.com/structure-of-the-mafia.html

46. Teamgiantshimano.com – Insideout: discussing role of a team giant-shimano road captain
http://teamgiantshimano.com/2014/02/insideout-discussing-role-team-giant-shimano-road-captain/

47. Eprovenance.com – Assuring the Provenance of Fine Wine
http://www.eprovenance.com/pdf/uploaded/eProvenance-OCT-2010v3.pdf

48. Worldometers.info – Current World Population
http://www.worldometers.info/world-population/

49. Katolsk.no – Den hellige Pio av Pietrelcina (1887-1968)
http://www.katolsk.no/biografier/historisk/padrepio

50. Sacred-destinations.com – Shrine of Padre Pio, San Giovanni Rotondo
http://www.sacred-destinations.com/italy/san-giovanni-rotondo-padre-pio-shrine

51. DN.no – Hemmeligheten bak proffenes tråkk
http://www.dn.no/dnaktiv/2013/04/14/hemmeligheten-bak-proffenes-trakk

52. Gemecd.org – Earthquake Consequences Database
http://gemecd.org/event/4

53. Dagbladet.no – Sju italienske jordskjelveksperter dømt til fengsel for uaktsomt drap
http://www.dagbladet.no/2012/10/22/nyheter/utenriks/italia/jordskjelv/23993667/

54. Forskning.no – Stakk før skjelvet
http://forskning.no/jordskjelv-zoologi/2010/04/stakk-skjelvet

55. Italyworldclub.com – Forte Spagnolo
http://www.italyworldclub.com/landmarks/abruzzo/laquila/laquila_castello.htm

56. Artefascista.it – Fontana Luminosa
http://www.artefascista.it/d'antino__nicola__fascismo_architett.htm

57. Velominati.com – The rules
http://www.velominati.com/the-rules/

58. Suppressedhistories.net – Serpent in the Mound
http://www.suppressedhistories.net/secrethistory/serpent_mound.html

59. TeamSky.com – Pinarello
http://www.teamsky.com/article/0,27290,17618_5792270,00.html#uC7HSGXjryR4dPMo.97

60. Exploratorium.edu – Drafting
http://www.exploratorium.edu/cycling/aerodynamics2.html

61. Asfaltteknisk.no – Asfaltinfo
http://www.asfaltteknisk.no/Kort_om_asfalt

62. Visveg.vegvesen.no – Avstandstabell
http://visveg.vegvesen.no/Visveg/distances.jsf?lang=no

63. Findagrave.com – Futa-Pass Cimitero Militare
http://www.findagrave.com/cgi-bin/fg.cgi?page=cr&CRid=2397550

64. Denmark.dk – Bicycle culture
http://denmark.dk/en/green-living/bicycle-culture/

65. Veneziasi.it – The history of the bridges of Venice
http://www.veneziasi.it/en/history-venice-hotel/bridges-history-venice.html

66. Forskning.no – Fall for italiensk fallos
http://forskning.no/kjonn-og-samfunn-seksualitet/2009/10/fall-italiensk-fallos

67. Structurae.net – Ponte della Libertà
http://structurae.net/structures/ponte-della-liberta

68. Store norske leksikon – Knut Knudsen
https://snl.no/Knut_Knudsen

69. Laurent Fignon: *We were young and carefree* (2010)
70. Store norske leksikon – Den guddommelige komedie
https://snl.no/Den_guddommelige_komedie

71. Velonews.competitor.com – Vincenzo Nibali pads Giro lead with victory atop Tre Cime di Lavaredo
http://velonews.competitor.com/2013/05/news/vincenzo-nibali-pads-giro-lead-with-victory-atop-tre-cime-di-lavaredo_288522

72. Osloby.no – La tørsten styre!
http://www.osloby.no/sprek/La-torsten-styre-7430271.html

73. Drive.com.au – World's greatest driver's road?
http://www.drive.com.au/motor-news/worlds-greatest-drivers-road-20110714-1hejp.html

74. Store norske leksikon – Totempæl
https://snl.no/totemp%C3%A6l

75. Store norske leksikon – Gustav Thöni
https://snl.no/Gustav_Th%C3%B6ni

76. Altarezianews.it – Al Passo Gavia la «Madonna delle vette» protettrice dei ciclisti
http://www.altarezianews.it/2009/08/16/al-passo-gavia-la-madonna-delle-vette-protettrice-dei-ciclisti/

77. Store norske leksikon – Høydetrening
https://snl.no/h%C3%B8ydetrening

78. Melkesyrefabrikken.no – Laktatprofil
http://www.melkesyrefabrikken.no/no/testing/tester_vi_tilbyr/laktatprofil/

79. Store norske leksikon – Blodprosent
https://sml.snl.no/blodprosent

80. Tidsskrift for Den norske legeforening – Slutt på jern i brunosten
http://tidsskriftet.no/article/459670/

81. Italia.it – Trento
http://www.italia.it/en/travel-ideas/art-cities/trento.html

82. Venstre.no – Mjøslandet i være hjerter
http://www.venstre.no/hedmark/hamar/artikkel/37313

83. Vinfakta.com – Soave
http://www.vinfakta.com/vin/veneto/soave/soave.htm

84. Lifeasaninvestment.com – The magic bank account
http://www.lifeasaninvestment.com/mind-soul/life-as-an-investment/

85. Granfondogiroditalia.com – History of Giro d'Italia
http://www.granfondogiroditalia.com/history-of-giro-ditalia/

www.ingramcontent.com/pod-product-compliance
Lightning Source LLC
Chambersburg PA
CBHW042051050526
44107CB00109B/1051